DÉPÔT LÉGAL
VIENNE
N° 1
Année 1913

PAUL VIGUÉ

LES

ASSEMBLÉES GÉNÉRALES

des Habitants de Thénezay

SOUS L'ANCIEN RÉGIME

(1681-1787)

Prix : 2 fr. 50

G. OUDIN, ÉDITEUR

Paris, 24, rue de Condé

et Poitiers, 9, rue du Chaudron-d'Or.

1912

LES ASSEMBLÉES GÉNÉRALES

des habitants de Thénezay

SOUS L'ANCIEN RÉGIME

(1681 1787)

8 L⁻

37858

DU MÊME AUTEUR

La Religion de Chateaubriand, thèse pour la licence ès lettres (Angers, 1898).

Le droit naturel et le droit chrétien dans l'éducation, ouvrage honoré d'une lettre de S. G. Monseigneur l'Evêque de Poitiers et d'une autre de S. E. le cardinal Merry del Val (Paris, 1912).

Saint Honoré de Thénezay ou de Buzançais (Poitiers, 1908).

EN FEUILLES AUTOGRAPHIÉES

Tractatus de Sanctissima Trinitate (Poitiers, 1908).

Miscellanea theologica, études théologiques, les unes en latin, les autres en français.

Première série (1909-1910).

Deuxième série (1910-1911).

Troisième série (1911-1912).

PAUL VIGUÉ

LES

ASSEMBLÉES GÉNÉRALES

des Habitants de Thénezay

SOUS L'ANCIEN RÉGIME

(1681-1787)

G. OUDIN, Éditeur

Paris, 24, rue de Condé

et Poitiers, 9, rue du Chaudron-d'Or.

—

1912

IMPRIMATUR

—

† LUDOVICUS,

Ep. Pict.

Pictaviis, 20 nov. 1912.

A

M. LE COMTE G. DE TALHOUËT-ROY

Maire de Thénezay.

Monsieur le Comte,

Permettez-moi de vous offrir l'hommage de cette très modeste publication, où vous ne trouverez rien de moi, mais uniquement la pensée et le langage des anciens habitants de Thénezay.

Il y a longtemps qu'ils sont morts, ceux dont les oreilles ont entendu la lecture des procès-verbaux ici reproduits. Mais vous étendez aux morts, je le sais bien, l'intérêt que vous portez aux vivants. N'est-ce pas, pour une part, l'esprit des morts, esprit fait d'attachement au sol natal, aux traditions chrétiennes et françaises, que vous vous efforcez de faire revivre ou de conserver parmi cette population, dont vous êtes, depuis douze ans, l'administrateur si actif, si sage et si désintéressé?

Vous succédez à ces vieux syndics, que j'ai voulu tirer de l'ombre où ils commençaient à moisir, pour leur faire voir le jour du xxe siècle. Puissiez-vous être, comme ce fut à une certaine période, un « syndic perpétuel ». Ce sera, j'en suis sûr, pour le bien public, parce que vous ne voyez, dans ces fonctions que vous a confiées déjà quatre fois le suffrage populaire, qu'une occasion de vous donner à tous inlassablement.

Je vous prie d'agréer, Monsieur le comte, l'hommage de mes sentiments respectueux et dévoués.

PAUL VIGUÉ.

Thénezay, le 17 août 1912.

INTRODUCTION

Je travaille de loin en loin, dans les loisirs que me lais-
sent des occupations plus sérieuses, à une monographie de
la paroisse de Thénezay. Au pays natal, la moindre motte
de terre est intéressante, et d'en chercher l'histoire est un
plaisir, j'allais dire un besoin. Mais les plus humbles
sujets, vus dans le détail, prennent de l'ampleur. J'ai déta-
ché de mes notes, en 1906, quelques pages sur la légende
de *saint Honoré*, le patron de la paroisse ; j'en détache
aujourd'hui quelques autres sur *les Assemblées générales
des habitants.*

C'est en 1885 qu'une circulaire du Comité des travaux
historiques, au ministère de l'Instruction publique, appe-
lait l'attention des sociétés savantes sur *les Assemblées
générales des communautés d'habitants en France sous
l'ancien régime*. Peu de temps après, dans la séance des
Antiquaires de l'Ouest du 18 février 1886, M. Alfred
Richard, l'un de nos meilleurs érudits poitevins, esquis-
sait les grandes lignes du travail à entreprendre, dans
chaque commune, avec les procès-verbaux d'assemblées,
d'après les recherches qu'il avait faites lui-même dans la
région de Saint-Maixent. Beaucoup, depuis lors, sont
entrés dans cette voie. Je veux citer au premier rang
M. le Dr Prouhet, qui, ayant en main le chiffre magni-
fique de 484 procès-verbaux, publiait, en 1902, une étude

d'une belle ampleur sur la Communauté de la Mothe-Saint-Héray [1].

Les archives de Thénezay sont moins abondantes et, j'ai hâte de le dire, d'un intérêt beaucoup plus restreint. Il ne serait pas possible de présenter avec elles seules un tableau complet de la vie publique dans une paroisse d'autrefois, comme l'a si bien fait le Dr Prouhet. Je tiens pourtant à en publier quelque chose. On y trouvera nombre de petits faits à retenir, et peut-être en est-il qui contribueront à mettre en lumière cette institution des assemblées d'habitants qui fut une des plus curieuses de l'ancienne France.

1. *Bulletins et Mémoires de la Société des Antiquaires de l'Ouest*, 2ᵉ série, t. XXVI, année 1902.

I

Quelques mots sur l'origine des assemblées.

Les assemblées sont les ancêtres directs de nos conseils municipaux, comme les communautés d'habitants ou paroisses ont donné naissance aux communes d'aujourd'hui.

Le moyen âge avait aussi ses communes, mais point comme les nôtres. C'étaient des villes privilégiées, qui s'administraient elles-mêmes, avec une certaine indépendance, suivant une charte octroyée par le roi, l'évêque ou le seigneur. Il y en avait peu. Le Poitou, nous dit M. Richard, n'en comptait que cinq : celles de Poitiers établie en 1199 ; de Niort, en 1204 ; de Saint-Maixent, en 1440 ; de Fontenay, en 1491, et de Châtellerault, en 1561. Ailleurs, presque partout, il y avait des paroisses avec leurs assemblées générales.

Il serait difficile de marquer avec précision l'origine de ces assemblées. On en trouve la trace en plein moyen âge. Ce furent moins des institutions positives du pouvoir central que des organismes jaillis d'en bas quasi spontanément. Les édits et ordonnances royales y intervinrent assez tard ; pour l'essentiel, elles étaient, et elles demeurèrent jusqu'à la fin régies par la coutume.

Un certain nombre de familles ouvrières ou paysannes habitent le même territoire, sont groupées autour du même clocher, du même château, de la même abbaye, relèvent du même juge et du même seigneur. Il existe des droits, des devoirs, des intérêts qui leur sont communs.

Dès lors, elles sont une association naturelle, qui, tôt ou tard, fera entendre sa voix.

Sans doute, on ne connut guère les assemblées, tant que dura le régime du servage. Mais quand les serfs eurent été affranchis en grand nombre ; quand, par l'influence des ferments que le christianisme avait jetés dans l'âme occidentale, nos ancêtres eurent pris une conscience plus claire de leur dignité d'homme; à mesure que la société s'enrichissait, se compliquait, se civilisait, les populations durent être davantage consultées par ceux qui en avaient le gouvernement. Les assemblées commencèrent de-ci de-là sous le pouvoir des seigneurs ; elles s'étendirent et se fortifièrent avec le pouvoir royal, qui les utilisa pour la répartition et le recouvrement de l'impôt. Si les actes qui nous en restent sont rarement antérieurs au xviie siècle, c'est que jusque-là, dans l'ensemble des paroisses rurales, on ne s'inquiétait guère de rédiger des procès-verbaux et de constituer des archives. Nul doute que les assemblées n'aient été dans l'usage longtemps auparavant, comme des instruments à peu près réguliers d'administration.

Il faut noter la part très grande qu'y eut, dès l'origine, l'élément religieux, et qu'il y garda considérable jusqu'au bout. La cité antique, par ses bases, baigne dans la religion, comme l'a démontré Fustel de Coulanges. On doit en dire autant de la cité moderne.

C'est autour de l'église que se forma l'assemblée paroissiale ; c'est là qu'elle s'est toujours réunie, « au son de la cloche, à la manière accoutumée », ainsi qu'on disait alors. Il paraît même certain que le premier objet des réunions fut strictement religieux, comme de réparer l'église, de subvenir à certaines dépenses du culte ; car la paroisse rurale était constituée bien avant qu'il y eût la moindre ébauche d'organisation civile, et c'est dans le sein de la paroisse que la commune a germé et grandi.

La même assemblée délibérait indistinctement des

choses d'Eglise et des civiles ; elle relevait de l'évêque non moins que de l'intendant de la province. Longtemps il n'y eut qu'un procureur nommé par elle pour l'expédition des affaires, de quelque nature qu'elles fussent. Puis, il y en eut deux, le fabriqueur et le syndic. Ce dernier, par l'intervention de plus en plus active du pouvoir royal dans le régime des assemblées, finit par en devenir comme le président. Mais au-dessus de lui, bien au-dessus, restait le curé, personnage inamovible, qui, ayant la charge des intérêts de Dieu, était encore, par certains côtés, le principal officier du roi. Jusqu'au xviii° siècle, et peut-être, ici ou là, jusqu'à la fin de l'ancien régime, nous le voyons lire au prône des ordonnances royales. Il annonce en chaire la tenue des assemblées. On ne peut contracter mariage que devant lui. Il tient seul le registre de l'état civil confondu avec l'état religieux, et il arrive sans cesse que le gouvernement recourt à ses lumières et à son influence pour des actes administratifs. Ainsi, dans le vieil édifice de la paroisse, les deux pouvoirs demeurent étroitement associés dans leur vie quotidienne, ce qui ne suppose pas qu'ils soient toujours d'accord.

Les assemblées prirent fin par l'édit de 1787, qui mit à leur place des corps municipaux élus. Avec des modifications nombreuses, c'est ce que nous avons encore aujourd'hui.

II

Les procès-verbaux de Thénezay.

J'ai trouvé soixante-dix-huit procès-verbaux d'assemblées concernant Thénezay, parmi lesquels un était aux archives de l'évêché (on verra pourquoi), et tous les autres, parmi les minutes des notaires, MM. Mathé et Huguet. Je saisis l'occasion pour remercier ces messieurs, ainsi que M. Griffon, le prédécesseur de M. Mathé, de la bonne grâce avec laquelle ils ont mis leurs archives à ma disposition. Je veux remercier aussi le P. de Monsabert, par qui j'ai eu l'idée de pousser mes recherches dans ce sens et de qui je tiens d'utiles renseignements. Il n'y a pas plus savant que lui, ni plus aimable. Il vous suggère, en un quart d'heure de conversation, plus de pensées que ne le feraient de longues lectures, et il est toujours à votre disposition. Que les lois françaises soient ainsi faites qu'elles obligent un tel homme à vivre hors de la frontière, c'est une honte, et, pour nous, prêtres du diocèse de Poitiers, pour tous les amis de l'histoire poitevine, une grande perte.

Il existe, dans les archives de nos notaires, d'autres procès-verbaux que ceux de Thénezay : d'abord ceux du village de Doux, qui, sans être une paroisse, avait ses rôles d'impôt distincts; puis ceux d'Oroux, de Pressigny, d'Aubigny, de La Ferrière, de La Peyratte, de Lamairé, d'Assais, d'Ayron, de Latillé. Qu'il suffise de les signaler pour les chercheurs. Ils ne m'ont pas paru, dans l'ensemble, avoir grand intérêt.

Ceux de Thénezay vont de 1681 à 1787. Auparavant, rien, sauf dans les *Visites* de Gabriel Maisondieu [1], où il est dit, à la date du 27 octobre 1664, que « le vicaire, René Métais [2], et le fabriqueur, Marin Rivière, devront tenir assemblée des paroissiens dimanche en huit, pour vendre aux enchères les noyers morts du cimetière », le prix de la vente étant destiné aux réparations de l'église.

De 1681 à 1787, les procès-verbaux sont très inégalement répartis. Il est à croire que, pendant cette période, beaucoup d'autres assemblées ont eu lieu, dont les actes ne nous sont pas parvenus, si toutefois ils ont jamais été rédigés. Ceux qui nous restent ne sont pas toujours, malheureusement, en parfait état de conservation. Je reproduis les plus intéressants ; pour les autres, c'est assez d'une analyse. Je conserve scrupuleusement les textes dans leur orthographe originale, me contentant de les ponctuer pour les rendre plus clairs ; car la ponctuation paraît absolument inconnue de nos vieux rédacteurs.

1. Gabriel Maisondieu, archidiacre de Thouars Le manuscrit de ses *visites*, faites de 1652 à 1664, est aux archives des *Antiquaires de l'Ouest*. Il a été étudié et copié par M. Collon, aujourd'hui curé de Saint-Amand-sur-Sèvre, qui malheureusement ne l'a pas encore publié.

2. J'ai lu Métayer dans les actes de l'état religieux déposés à la mairie.

III

Les assemblées de Thénezay.

Regardons comment fonctionnaient les assemblées à Thénezay. Nous apprendrons ce qu'elles étaient ailleurs, du moins dans la région; car, d'un bourg à l'autre, il n'y avait que des différences minimes.

C'est ordinairement le procureur-syndic, ou, à son défaut, « un des plus anciens habitants » [1], qui convoque l'assemblée. Mais le syndic ne jouit pas d'un pouvoir discrétionnaire : il est tenu d'obéir à toute requête présentée par une personne compétente; souvent la réunion se fait « sur la remontrance » du curé, des fabriqueurs, des collecteurs des tailles, parfois d'un simple particulier qui juge à propos de porter devant la paroisse une réclamation. Nous voyons même un délégué de l'évêque, venu pour une enquête concernant le cimetière, prendre l'initiative d'une assemblée et « faire sonner la cloche » [2].

Il apparaît, en somme, que la convocation par le syndic n'est, dans bien des cas, qu'une formalité insignifiante. Et c'est tout le monde qui est convoqué, toutes les professions : les journaliers, les ouvriers, les laboureurs, fermiers ou propriétaires, les marchands, le maître d'école, le curé et son vicaire. Ici, point de distinction d'électeurs et d'élus. C'est, comme on dit partout, « l'assemblée générale des manants et habitants ». Il y a certainement des indignes que l'on exclut, comme aujourd'hui il y en a

1. N. XXXV.
2. N. II.

qui sont privés de leurs droits de citoyens. Nos textes n'en parlent pas. L'usage voulait, nous le savons par ailleurs, que seuls prissent part aux délibérations les chefs de famille exerçant un métier ou une fonction, ou possédant quelque bien.

Les femmes peuvent y venir et même prendre la parole, quand elles ont des intérêts à défendre. Elles sont trois, nommées au premier rang sur le procès-verbal, qui viennent protester contre la « profanation » qui va s'accomplir d'un morceau du cimetière, où elles ont des sépultures, dont une fraîche de six mois [1].

De fait, vient-on beaucoup à l'assemblée ? Les actes font toujours mention d'un certain nombre, qu'ils désignent nommément, quelquefois une dizaine, parfois jusqu'à quarante. Mais l'énumération, jamais complète, est régulièrement accompagnée de la formule : « Et plusieurs autres, faisant la plus grande et saine partie des habitants, et faisant tant pour eux que pour les absents ». Parfois ceux qui sont là déclarent qu'ils ne sont pas en nombre pour délibérer [2]. Si on observe que la réunion se tient presque toujours le dimanche, à l'issue de la grand'messe, on a le droit d'en conclure que les présences ordinairement sont nombreuses à l'assemblée.

C'est à l'issue de la grand'messe, ai-je dit : il me semble avoir lu une fois : « après vêpres ». Mais c'est toujours « au son de la cloche », et « devant la grande porte et entrée principale de l'église ». Que faisaient-ils donc, nos ancêtres, en cas de mauvais temps ? Je doute qu'ils eussent du plaisir à délibérer sous la pluie. S'il y avait un porche devant l'église, ou un « balet », comme on dit dans nos régions, bien peu y pouvaient trouver place. Peut-être allaient-ils sous la halle, qui était voisine ;

1. N. II et III.
2. N. LXVI et LXVIII.

peut-être se réfugiaient-ils bonnement dans l'église. Les actes sont muets sur ce détail.

Quelques mots sur les attributions de l'assemblée. Elles étaient tout à la fois, nous l'avons vu, civiles et religieuses. Cela nous étonne aujourd'hui : rien cependant que de naturel aux yeux d'une population toute chrétienne, comme l'était celle d'autrefois. Les deux pouvoirs ne se séparent l'un de l'autre que dans la mesure où l'unité religieuse diminue.

C'est donc l'assemblée qui nomme le procureur-syndic et les fabriqueurs. C'est elle qui reçoit le vicaire envoyé par l'évêque et fixe son traitement [1]. Elle désigne les collecteurs de l'impôt, à moins qu'ils ne soient nommés par ces Messieurs de l'élection de Poitiers (j'ai rencontré à deux années de distance, 1681 et 1683, les deux modes de nomination) [2]. Elle désigne aussi les sacristains, deux en même temps, et elle détermine ce qu'ils recevront en nature ou en argent, non sans marquer minutieusement leurs devoirs, dans une page curieuse, qui semble avoir été dictée par le curé et qui pourrait passer pour le code du parfait sacristain [3].

L'assemblée a encore d'autres soucis : les biens de la fabrique à affermer [4], les comptes des fabriqueurs à recevoir et à vérifier [5], le bureau de charité à soutenir [6], l'église à réparer [7], les cloches à faire refondre [8], la sacristie à reconstruire [9], les murs du cimetière à relever [10]. Il faut, par ailleurs, qu'elle désigne, par voix d'élection ou de

1. N. VII et XXV.
2. N. I et V.
3. N. LII.
4. N. XLV, XLIX, LXXIV.
5. N. XXVI, LXXV, etc.
6. N. XXXIX et LXI.
7. N. XLVI, LXXI, LXXVII
8 N. XXVIII.
9. N. VI.
10. N. III, XXIX et LIX.

tirage au sort, les hommes de la milice provinciale et de
la milice bourgeoise [1], qu'elle reçoive des soldats en garnison ou du moins traite avec eux pour s'en débarrasser [2],
qu'elle veille à l'entretien des chemins [3], qu'elle entende
la réclamation des personnes qui se disent sur-
taxées, de celles qui ne veulent pas payer la taxe dans
la paroisse parce qu'elles la paient dans une paroisse
voisine, des collecteurs, qui en ont assez d'une besogne
onéreuse pour eux et odieuse à tous [4]. C'est à elle enfin
de prendre l'initiative d'une supplique à l'intendant de la
province, quand, par suite d'un malheur public, épidémie ou mauvaise récolte, la paroisse succombe sous des
impôts trop lourds [5].

Les impôts ! il en est question dans la moitié des actes.
C'est le plus gros souci de l'assemblée, et, pour elle comme
pour les particuliers, une source abondante de procès,
qui traînent longtemps et vont jusqu'à Paris. Que de
procès pour ces pauvres gens ! C'est une des misères de
l'ancien régime que sa procédure si coûteuse, si longue
et si compliquée. Les avis sont partagés pour savoir en
quel sens nous avons progressé depuis lors. Connaissant
peu le monde de la chicane, n'ayant dans mon expérience
que d'honnêtes avocats et point de juges, il m'est impossible de trancher la question.

Nos actes ne nous disent à peu près rien sur les incidents de séance, aux assemblées. Il devait pourtant y en
avoir. Les hommes sont toujours les hommes, et réunis
ils se heurtent parfois avec violence, même entre braves
gens. Il est regrettable que nos vieux papiers soient si
discrets sur les disputes d'autrefois. Comme ils seraient

---

1. N. XIII, XIV et XXX.
2. N. VIII et XII
3. N. LXXVIII.
4. N. IV, V, IX et X.
5. N. LIII, LV, LXII, LXIII et LXXII.

plus vivants et plus curieux ! Visiblement, ils ont été rédigés par un notaire impassible, et rédigés d'avance, avec des conclusions toutes prêtes pour que l'assemblée n'ait plus qu'à donner son approbation. Seules, quelques lignes ont été laissées en blanc, pour y inscrire les noms des personnes présentes ou de ceux qui seraient nommés à une fonction. Il n'y a pas de vote enregistré. C'est invariablement « d'un commung advis » que la décision semble avoir été prise.

Gardons-nous d'en conclure qu'on y manquât de liberté. La discussion y était admise, et, sous la discrétion des procès-verbaux, on la sent parfois très vive [1]. Si les délibérations sont rédigées d'avance, ce n'est pas pour un autre motif que de faciliter le travail, comme cela se pratique partout, et l'assemblée peut toujours modifier le texte proposé, ou même le repousser entièrement. C'est un droit dont elle use, nous en avons plusieurs exemples [2].

Et voyez comme ces braves gens, qui sont tous de bons chrétiens, prennent hardiment position, même devant l'autorité religieuse. Leur curé, en 1690, veut les engager dans une affaire épineuse concernant des honoraires de messes : ils refusent, ayant peur de « ce grand procès qui consommerait les revenus de la fabrique », et, paysans goguenards, « ils sont d'avis que le gain en soit abandonné au sieur curé, comme ils lui en font l'abandon par les présantes » [3]. Un peu plus tard, en 1703, c'est une ordonnance de l'évêque sur laquelle ils font des réserves, repoussant « au respect des ordres de Monseigneur », ce qui leur semble contraire à l'intérêt commun [4]. J'ignore s'ils ont tort ou raison : ce que je sais, c'est que ces petites

1. N. II et III.
2. N. LXIV, LXVI et LXVIII.
3. N. XVII.
4. N. XXIX.

assemblées de paroisse n'étaient pas de simples appareils enregistreurs aux mains du pouvoir, qu'elles gardaient leur vie propre, dans l'Etat comme dans l'Eglise, qu'elles avaient des droits, qu'elles en avaient conscience et qu'elles ne craignaient point de les défendre « au respect de l'autorité ».

IV

Thénezay au XVIIIᵉ siècle.

En ce temps-là, Thénezay est, comme aujourd'hui, un gros bourg d'environ 2.000 habitants, y compris les villages et les fermes de la paroisse. Une statistique établie vers la fin du xviiᵉ siècle compte 324 feux [1] ; une autre, en 1750, 321 [2], et une de 1789, 480 [3] ; ce qui donne, avec la moyenne généralement acceptée de cinq personnes par feu, 1.620, 1.605 et 2.400 habitants. Mais il ne faut pas trop s'appuyer sur ces statistiques, moins précises que celles de maintenant [4].

Pour le gouvernement royal, qui peu à peu a tout envahi, Thénezay dépend alors de l'élection de Poitiers. Il reste cependant quelques morceaux de l'antique pouvoir seigneurial aux mains des ducs de la Meilleraye et de Mazarin, barons de Parthenay, qui prélèvent des droits sur les grains et farines vendus au marché et sont propriétaires de la forêt d'Autun. Cette forêt passera, en 1776, au comte d'Artois, plus tard Charles X.

Il est facile, grâce aux actes d'assemblée et à quelques

---

1. Dugas-Matifeux, *État du Poitou sous Louis XIV*, p. 632.

2. Ledain, *Histoire de Parthenay*, p. 395, d'après une carte alphabétique du Poitou.

3. Bauchet-Filleau, *Le Tiers-État du Poitou en 1789*, p. 60.

4. Le chiffre le plus fort atteint par la population de Thénezay est au recensement de 1886 : 2.417 habitants. Depuis lors, la baisse est continue et même de plus en plus rapide ; en 1891, 2.364 ; en 1896, 2.358 ; en 1901, 2.294 ; en 1906, 2.173 ; en 1911, 2.075. Et ce n'est pas la pauvreté qui est cause de cette baisse : le pays n'a jamais été si riche que depuis vingt ans.

autres documents, de reconstituer, dans ses grandes lignes, l'aspect général de la paroisse pendant le xviiie siècle.

Au centre du bourg, se dresse l'église (nous l avons tous connue), un peu en avant de l'espace occupé par celle d'aujourd'hui, mais dirigée vers l'ouest, haute de voûte, portant, sur sa couverture de tuiles, une forte et lourde pyramide, qui sert de clocher. C'est une église romane, elle date du xie siècle. La seule partie remarquable de l'édifice est le chevet, dont les murs extérieurs sont décorés de colonnes et portent, à la corniche, des modillons de sculpture encore grossière, mais variée.

Au-dessous de l'église est une place étroite, avec la grande halle, faite simplement d'une toiture en tuiles, soutenue par des poteaux de bois [1]. Au delà, en descendant vers l'est, s'étend le cimetière [2], ombragé de noyers, où les tombes sont distribuées sans ordre, dans une enceinte de murs en ruine, d'aspect pitoyable. Au bout, j'aperçois la petite halle encore neuve, que le duc de Mazarin a fait construire en 1682 [3] ; puis, un champ de foire aménagé vers 1735 et planté d'ormeaux [4]. Et tout autour du champ de foire, des deux halles, du cimetière et de l'église, s'élèvent, comme aujourd'hui autour de la grande place, les maisons des habitants.

Il existe, dans le bourg, une école, où enseignent, en 1731, deux instituteurs [5]. Il y a aussi, depuis le xviie siècle, un bureau de charité, avec une maison pour recevoir les dons faits en faveur des pauvres [6].

Les métiers sont les mêmes qu'à notre époque, exception faite pour l'industrie des sergetiers ou drapiers,

1. Ledain, *La Gâtine*, p. 335.
2. Peut-être y en avait-il deux distincts et séparés par un chemin.
3. Ledain, *La Gâtine*, p. 335.
4. N. XLV.
5. Drochon, *L'ancien archiprêtré de Parthenay*, p. 109.
6. N. XXXIX.

maintenant disparue et alors florissante. En 1787, Thénezay produit par année 122 pièces de drap, ce qui fait (chaque pièce étant de 20 aunes) 2.440 aunes estimées 1.243 livres 10 sols [1]. Cette industrie ne fait que se développer pendant la Révolution. Elle occupe, en 1801, onze drapiers, qui produisent 280 pièces de tiretaine, soit 5.600 aunes, d'une valeur de 14.000 francs, le tout vendu et consommé dans la région [2].

Jetons les yeux sur la campagne environnante. Les chemins sont en très mauvais état, du moins on nous le dit dans un procès-verbal de 1787 [3]. Les riverains ne se privent pas de les rétrécir, et ils y jettent « des monceaux de pierres et cailloux qu'ils ramassent sur leur terrain, qu'ils ont semé en luzerne et autres fruits » ; ce qui rend la voie absolument impraticable et met en révolte la population.

La plaine paraît assez bien cultivée ; elle est déjà morcelée en petite propriété aux mains des laboureurs du pays. Les terres de Doux et de Valette (celles-ci dépendant de l'abbaye de Fontevrault) sont jugées les meilleures de la paroisse. Du côté de la Gâtine, il y a beaucoup de bois et de terres incultes, des métairies et des borderies, et de-ci de-là se rencontrent des gentilshommes campagnards, de condition modeste, qui résident, font valoir leurs domaines et ne payent pas d'impôts [4]. La paroisse, dans l'ensemble, n'est point riche : elle n'a que de « mauvaises terres ingrates », si nous en croyons les actes d'assemblée ; elle est souvent « accablée et ruinée ». Écoutez cette plainte, de 1740 : « La dite paroisse est

---

1. *Les Manufactures du Poitou*, année 1787, par l'inspecteur Vaugelade, mémoire de vingt pages in-folio, d'une belle écriture, avec des échantillons de draps du Poitou collés à la cire (Archives du Grand Séminaire).

2. Dupin, *Statistique des Deux-Sèvres*, p. 279-281.

3. N. LXXVIII.

4. N. XXXV.

située en un mauvais terrain de cailloux, pierres, et
remplie la plus grande partie de faugères et espines, et
consiste bien la moytié en mauvais bois, landes et
bruieres, qui ne produisent aucune choze » [1]. Peut-être
y met-on un peu d'exagération, en vue d'obtenir une
diminution de la taxe, la paroisse étant « exhorbitament
taxée » [2].

C'est pour le même motif que les actes d'assemblée
enregistrent tant de plaintes sur le mauvais temps et les
mauvaises récoltes. En 1739-1740, les pluies de l'hiver
gâtent les semences, et celles de l'été « font pourir et
germer le bled sur les champs » [3]. L'année suivante, il y
a d'extraordinaires inondations aux Echasses, à la vallée
de Cherves, à Molet et à la Grande-Vau ; les vignes
gèlent dès la Saint-Michel ; le vent et la pluie endom-
magent les maisons, au point qu'il ne reste pas « de
maison ny borderie en la paroisse qu'il ne sy soit fondue
beaucoup ou partie » [4]. Dans l'hiver de 1746-1747, viennent de grandes gelées qui font perdre les semences, puis
une sécheresse désastreuse [5]. Au printemps de 1758, le
froid et la pluie empêchent le grain de mûrir, la vigne
gèle en boutons et elle est « rongée de vers de terre » [6].
Je passe sur ces petits événements, qu'on trouvera plus
loin, décrits d'une manière copieuse par les témoins euxmêmes. Mon introduction n'est pas destinée à remplacer
les procès-verbaux : je veux plutôt qu'elle incite à les lire.

L'année 1740 fut terrible. Au mauvais temps vint
s'adjoindre une épidémie des plus meurtrières. On compta
en quelques mois 75 victimes. Les paroissiens assemblés
firent une supplique à Monseigneur l'Intendant et, pour

1. N. LIII.
2. N. LXXII.
3. N. LIII.
4. N. LV.
5. N. LXII.
6. N. LXXII

obtenir une réduction d'impôt, dressèrent une liste, à elle seule suffisamment éloquente, de 38 des principaux imposés, qui étaient morts de l'épidémie. J'ai cherché aux actes de décès de cette année-là, et j'ai trouvé que le mal sévit particulièrement les mois de mars, avril et mai, où périrent, seulement dans ces trois mois, 56 personnes. Beaucoup d'autres paroisses du Poitou furent atteintes en même temps. Le premier médecin de la reine, M. Helvétius [1], consulté par M. Lenain, l'intendant du Poitou, répondit que c'était une péripneumonie (une grippe infectieuse, dirions-nous aujourd'hui). « La cause de cette maladie, écrivait-il, est évidente : c'est le froid excessif et long que nous avons souffert, lequel a épaissi les liqueurs. » Et, après avoir indiqué toute une série de remèdes correspondant aux diverses périodes de la maladie, parmi lesquels des saignées, des « ptisanes », des purgatifs, des vomitifs et des lavements, il ajoutait : « Au reste, il est bon d'avertir que les pauvres et les paysans ne doivent pas être tant saignés que les autres ; mais il est cependant nécessaire de les saigner deux ou trois fois et de faire toujours la première saignée un peu ample [2]. »

Il faut dire un mot du cimetière, qui fut l'objet de longs débats entre la paroisse et l'évêque et même entre les paroissiens [3].

Des murailles tout écroulées, des monceaux de bois et de fumier déposés sur la terre sainte par les gens du voisinage, et, les jours de foires et de marchés, le peuple s'installant sur les tombes pour y faire le commerce, y mettant même des bestiaux « qui y faisaient toutes leurs

---

1. Il avait la charge de la distribution des boîtes de remèdes pour les indigents en province. C'est le père du philosophe auteur de l'*Esprit*

2. Lettre datée de Versailles, 6 avril 1740, déposée aux Archives de la Vienne (C 62). Elle a été publiée par M. P. Rambaud dans les *Archives médico-chirurgicales de Province*, en 1912.

3. N. II, III, XXIX, XLV, LIX, LXXI et LXXV.

ordures » : tel est le spectacle qu'offrit, au centre du bourg,
le cimetière de Thénezay, pendant peut-être plus de
cent ans. C'était « inhumain et pas souffrable », suivant
les termes d'un procès-verbal. On le souffrait cependant,
et, malgré les protestations du grand nombre, malgré les
ordonnances réitérées des évêques et leurs menaces
d'interdit, l'abus ne finissait pas. Il avait même reçu, en
1735, une sorte de consécration officielle, puisque la
fabrique avait autorisé ses fermiers à prélever un droit
sur ceux qui s'établissaient dans le cimetière.

D'où venait donc la difficulté qui empêchait de reconstruire le mur d'enceinte, pour soustraire le lieu saint aux
profanations ? Un peu de la dépense à faire, beaucoup
plus des petits intérêts locaux qui se heurtaient entre eux.
Les riverains, qui utilisaient le cimetière pour y mettre
leur bois et leur fumier, préféraient des murailles en
ruine, et la paroisse n'était pas d'accord sur le tracé de
la nouvelle enceinte, les uns voulant qu'elle fût diminuée
pour l'agrandissement du marché, les autres s'y opposant
par crainte d'un déplacement du commerce préjudiciable
à « plus de cinquante maisonnées ».

Les procès-verbaux ne nous disent point comment
finit la querelle. Peut-être n'eut-elle pas de fin, jusqu'au
jour où le cimetière, pour laisser l'espace libre aux
vivants, s'en alla hors du bourg, sur le chemin de Buzay,
ce qui arriva pendant la Révolution ou peu de temps après.

Voilà donc plus de cent ans que le champ des morts
est devenu la place publique. Combien de cadavres sont
couchés là, sur toute cette colline ! Elle en a reçu pendant douze siècles et davantage, depuis qu'elle a vu s'élever
la première croix, peut-être depuis le premier homme
qui l'a creusée pour se nourrir. Le même sol cache le
repos des morts et porte le travail des vivants, double
motif de l'aimer. S'il est vrai, comme on l'a dit, que la
patrie, c'est un cimetière, ce sol est deux fois notre patrie.

V

Les fonctions civiles et religieuses.

A la fin de nos procès-verbaux se trouvent toujours un
certain nombre de signatures, une vingtaine au plus, souvent moins, jetées pêle-mêle, lourdes et gauches pour la
plupart. Quelques-unes cependant retiennent l'attention :
celles du curé et de son vicaire, celles des notaires, plus
rarement celles des syndics ; puis celle de Mathurin Baudrais, le régent ; celle de Jean Bataille, le maître-écrivain,
qui de fait signe avec une élégance digne de son métier.

J'ai lu toutes ces signatures, ainsi que les noms inscrits au texte des procès-verbaux. Je n'y ai vu que des
noms roturiers. Le contraire m'aurait surpris, parce que
les assemblées de paroisse étaient des organes strictement populaires de gouvernement. Les gens de la classe
noble n'avaient, en principe, rien à y voir. Si une ou
deux fois il y paraît quelques gentilshommes, qui
apposent leur signature à côté des « manants », c'est par
exception et seulement à titre honorifique [1].

Peut-être va-t-on se demander pourquoi j'ai si copieu-
sement reproduit ces listes de noms, qui sentent la roture
et n'ont pas le moindre éclat. C'est que, dans leur mo-
destie même, ils représentent quelque chose de vivant ;
ils marquent la continuité entre le Thénezay d'autrefois et
celui d'aujourd'hui, et par eux beaucoup de familles pourront voir qu'elles ont des racines profondes dans le sol

1. N. VII, XXVIII.

où elles sont plantées. « Depuis qu'une bonne philosophie, dit M. Littré, m'a enseigné à estimer grandement la tradition et la conservation, j'ai bien des fois regretté que, durant le moyen âge, des familles bourgeoises n'aient pas songé à former de modestes registres où seraient consignés les principaux incidents de la vie domestique, et qu'on se transmettrait tant que la famille durerait. » La pensée du sage positiviste fut la mienne. J'ai voulu, dans la publication que je fais ici, donner quelques pages du *livre de raison* d'une famille paroissiale, et il m'a plu de transcrire beaucoup de vieux noms, pour que les vivants y reconnaissent leurs morts.

Se trouve-t-il, parmi ceux-ci, quelques personnages d'un relief un peu plus accusé ? Il ne semble guère. Les renseignements fournis par les actes sont trop succincts, ils ont trop de lacunes. Puis, Thénezay n'a jamais été, comme Mirebeau, Parthenay, ou même la Mothe-Saint-Héray, une ville ayant dans sa population indigène une petite bourgeoisie dirigeante. Aussi loin qu'on l'aperçoit dans l'histoire, ce n'est qu'une grosse agglomération de paysans, d'ouvriers et de marchands. Pour en dire quelque chose, il faut regarder les fonctions plutôt que les personnes.

Les collecteurs d'impôt, tout d'abord. Oh ! ce ne sont pas de gros personnages ; mais il en est si souvent parlé dans les procès-verbaux, qu'il faut bien un peu les tirer de l'ombre. J'en compte six en 1681 [1], huit en 1720 [2], sept à d'autres années [3]. Il y en a de toutes les professions, même un vicaire [4]. C'est ordinairement l'assemblée qui les nomme. Ils sont tout à la fois répartiteurs et receveurs, fonctions considérables aujourd'hui, alors peu

1. N. I.
2. N. XXXVII.
3. N. XXIV, LXV et LXXIII.
4. N. XXXIV, XXXVII.

enviées, parce qu'elles ne rapportent guère que des ennuis. Il faut qu'ils aillent par toute la paroisse, de maison en maison, recueillir la taxe. « Ils seront, dit un acte de la Mothe-Saint-Héray, en 1786 (ce ne devait pas être bien différent à Thénezay), ils seront tous tenus de se promener deux jours de chasque semaine, qui sera le mardy et le vendredy, suivant l'usage ordinaire, qu'ils s'assembleront tous sous les hasles, sçavoir, en hyver à sept heures du matin, et en esté commencerons à cinq heures, et continueront successivement, à peine, contre ceux qui manqueront, de vingt sols chasques journées, laquelle susdite somme de vingt sols sera et redondera au profit de ceux qui se promeneront, sans que ceux qui seront delinquants y puissent rien pretandre [1]. » Et qu'un habitant introduise une réclamation en surtaxe, voilà un procès dont tout le poids retombe sur les collecteurs, à moins que la paroisse ne se solidarise avec eux, ce qu'elle ne fait point toujours [2]. Ils touchent cependant une légère indemnité, qui, à la Mothe, au xvii° siècle est de « six deniers par livre de la taille », et plus tard, de « six et quatre deniers », — maigre dédommagement pour la peine qu'ils se donnent, observe le Dr Prouhet [3]. Aussi n'est-il point rare qu'ils plaident, soit devant l'assemblée, soit devant les élus de Poitiers, pour être débarrassés de leurs fonctions [4]. S'ils échouent, une ressource leur reste : traiter avec leurs collègues ou d'autres habitants, en général des sergents [5], qui, moyennant un prix fixé par devant notaire, se chargeront euxmêmes de recouvrer l'impôt. J'ai eu sous la main plusieurs de ces « décharges » : je regrette de n'avoir pas pris copie de quelques-unes.

1. Dr Prouhet, p. 157.
2. N XIV, XXIV, XLIV, LXIV, LXVI, LXX.
3. P. 158
4. N. IV, V, IX, X.
5. Officiers de justice chargés des poursuites judiciaires.

Voici maintenant les fabriqueurs, appelés depuis fabriciens, disparus en 1905 avec le concordat de Napoléon Ier. Mais les fabriqueurs ont beaucoup plus de pouvoirs que les fabriciens : ils sont les véritables administrateurs de l'église et de ses biens, sous la dépendance de l'assemblée, dont ils sont les élus.

En 1700, j'en vois deux qui sont en charge en même temps [1] ; un acte de 1727 donne à croire qu'un seul suffit à la fonction [2]. Le temps qu'ils y restent est très variable : deux ans, cinq ans, quatorze ans et davantage [3]. On dirait qu'il n'y a rien de réglé sur ce point.

Leurs attributions, un acte de 1760 nous les détaille : recevoir le prix des fermes dues à l'église, ainsi que les droits pour les sépultures à l'intérieur de l'église (six livres pour les grandes personnes et trois pour les enfants) ; verser au curé une indemnité pour les frais de culte ; veiller à la conservation des murs du cimetière (pauvres murs !) ; faire payer les bancs de l'église ; enfin rendre des comptes tous les ans « à la Purification de Notre-Dame, issue de première messe » [4].

Ce sont là les affaires courantes. L'assemblée se réserve les extraordinaires, comme la nomination des sacristains, la réception d'un vicaire, la reconstruction de la sacristie, la refonte d'une cloche, l'affermage des biens de la fabrique. C'est encore elle qui décide, en 1693, qu'on mettra un banc dans l'église pour maître François Cottereau, conseiller du roi et juge au présisidial de Poitiers, — ce malheureux banc, d'une ferme de trois livres, qui reste impayé à partir de 1736 et pour lequel on est encore en procès en 1760 [5] !

---

1. N. XXVI.
2. N. XLIII.
3. N. XXXIII, XLIII, XLV, XLVIII, LIV, LX.
4. N. LXXV.
5. N. XXI, XLVIII, LXXV.

Mais quel est en tout cela le rôle du curé ? C'est « à sa remontrance » que les paroissiens se réunissent, chaque fois qu'ils ont à traiter d'affaires ecclésiastiques. S'ils reçoivent officiellement le vicaire, fixent son traitement et lui marquent ses devoirs, ils ne manquent point d'ajouter que tout doit s'accomplir « au gré, mandement et choix du sieur curé » [1]. Ils disent aussi que le fabriqueur rendra ses comptes « par devant M. le curé et quatre des principaux habitants » [2]. L'assemblée ne méconnaît donc point l'autorité de son pasteur, représentant auprès d'elle de l'Eglise enseignante et dirigeante. Il n'en est pas moins vrai qu'elle jouit, au point de vue religieux, dans ce vieux droit coutumier et local, d'une très large autonomie. Que si quelqu'un voulait tirer de là des arguments pour aujourd'hui, il commettrait une méprise : les deux situations sont si différentes ! N'en gardons qu'une conclusion : c'est que le fabriqueur, ayant à gérer le temporel ecclésiastique, remplissait une fonction importante et considérée. Aussi ne le voit-on point poursuivre l'assemblée de ses plaintes comme le faisaient les collecteurs, ni chercher comme eux à se débarrasser de sa charge.

Et le syndic ? Nous l'avons déjà rencontré bien des fois. C'est le maire de ce temps-là, avec moins de prestige que celui d'aujourd'hui. S'il convoque et préside l'assemblée, cela ne veut pas dire qu'il la gouverne : le fabriqueur, le curé, les notaires mêmes y ont souvent plus d'influence que lui.

L'élection du syndic, nous est-il dit dans un acte, se fait tous les trois ans « suivant l'usage et coutume des paroisses » [3]. Il ne semble pas que cet usage ait été bien suivi à Thénezay. Au xviiᵉ siècle, le syndic change à peu près tous les ans. Par la suite, on en voit qui restent trois

1. N. VII.
2. N. XV.
3. N. LVIII.

ans en fonction ; d'autres, jusqu'à six, huit et neuf ans.

En 1702, apparaît un syndic perpétuel. C'est que le roi, pour se procurer de nouvelles ressources, a fait de la fonction, jusqu'alors élective, une charge vénale, comme celle des notaires et des juges. L'expérience n'ayant pas réussi, on revient en 1717 au système de l'élection.

Le syndic est établi dans la paroisse « pour recevoir et faire exécuter les ordres du roy »[1]. Il procure un équipement aux hommes de la milice, il pourvoit au logement des soldats de passage ou en garnison, il veille à l'entretien des chemins, il fait afficher à la porte de l'église les communications du gouvernement, il va devant les tribunaux soutenir les intérêts de la paroisse.

Ces fonctions municipales dans un temps où la machine administrative, moins bien construite qu'aujourd'hui, a aussi moins d'huile dans ses rouages, sont loin d'être toujours agréables. Jacques Martin, syndic depuis huit ans, se plaint « des fatigues d'icelle place », et il supplie qu'on lui nomme un successeur[2]. Il est vrai que l'usage du Poitou veut qu'il y ait des gratifications ; mais elles sont de médiocre valeur[3]. C'est, en somme, une charge où les responsabilités dépassent de beaucoup la gloire et les profits.

Voici, non sans quelques lacunes, la liste de nos syndics, avec leur profession, quand j'ai pu la retrouver :

1681	René Bauldin, journalier ;
1682	François Rivron ;
1683	Jean Royer, journalier et maître-chirurgien ;
1686	René Blancheteau ;

---

1. N. LVIII.
2. *Ibid.*
3. Dr Prouhet, p. 78.

1687	Marin Rivière ;
1688-1689	Louis Jaullain ;
1690	André Rivière ;
1694	Martin Jaullain ;
1698	Jacques Jaullain ;
1699	Louis Allain ;
1700	Louis Chaigneau ;
1701	Jean Ouvrard ;
1703-1717	René Chénier, notaire royal et syndic perpétuel ;
1720	Jean David ;
1721	Jacques David ;
1723	François Sénéchault, cordonnier ;
1726	Jacques Lesvin ;
1727	François Renault ;
1728	Jean Blancheteau ;
1731	Clément Amyet ;
1733-1736	René Héline ;
1736-1744	Jacques Martin ;
1744-1752	François Fouquet, marchand, à la Mousse ;
1758	Fulgent Nicolas ;
1778-1787	François Clément.

De tous ces noms, je ne vois guère que celui de René Chénier, notaire royal et syndic perpétuel, qui mérite d'arrêter un moment l'attention. Il appartient certainement à la famille la plus considérable des « manants et habitants » de Thénezay sous l'ancien régime. Il n'y en a pas qui revienne plus souvent dans nos procès-verbaux. J'y trouve, avec René Chénier, notaire de 1679 à 1731, son associé et successeur, Paul Chénier, de 1727 à 1754 ; André Chénier, qui occupe l'autre étude de 1699 à 1743 ; Pierre Chénier, cabaretier, mort en 1740, et François Chénier, fabriqueur de 1746 à 1760. Deux autres Chéniers, natifs aussi de Thénezay, sont prêtres et vicaires dans leur paroisse natale : l'un, de 1688 à 1692 ; l'autre, de 1724 à 1729, et le premier meurt curé de Coulon, près de Niort, en 1725. La famille a des ramifications nombreuses à Chalandray, à Vasles, à Ayron, à Montreuil-Bonnin, à Vouillé, à Sanxay. MM. Beauchet-Filleau, les auteurs du savant *Dictionnaire des familles du Poitou*, prétendent, sans en donner la preuve, que la famille du poète, André Chénier, se rattache aux Chéniers de nos régions. Ce serait à éclaircir, comme a fait M. Guy Chardonchamp pour Voltaire, dont les ancêtres étaient de Saint-Loup. Pour moi, il me plairait extrêmement qu'il eût du sang de Thénezay dans les veines, ce poète, le premier que j'aie aimé d'un amour autre que le scolaire dans les extraits qu'on m'en donnait à lire :

> Dieu dont l'arc est d'argent, dieu de Claros, écoute,
> O Sminthée-Apollon, je périrai sans doute,
> Si tu ne sers de guide à cet aveugle errant.

Je vais finir ma revue des personnages les plus marquants de Thénezay par celui qui apparaît sans conteste comme le premier, en raison de sa dignité toujours, et très souvent aussi de son influence, le curé de la paroisse.

Il est nommé par l'évêque de Poitiers, sur la présentation du chapitre de la Cathédrale, qui est propriétaire de la cure et en reçoit de ce fait 20 livres de rente annuelle. Ses revenus sont d'environ 300 livres, produits de dîmes et de terres affermées [1]. Ajoutez-y peut-être la même somme provenant du casuel. Au total, c'est de quoi vivre pour ce temps-là.

Rien à dire des fonctions de M. le curé. Il me semble en avoir tout dit dans les pages qui précèdent. Comme

---

1. N. LXXIV (note) et LXXIX.

l'Eglise, dont il est le représentant, il est alors mêlé à tout. Il est impossible de parler d'une institution tant soit peu importante sans y rencontrer l'Eglise ou les hommes d'Eglise. Je n'ai donc plus qu'à citer les noms des prêtres qui ont occupé la cure de Thénezay au temps des assemblées de paroisse :

Jean Grollet.	1667-1682
François Mestreau. . . .	1682-1683
Pierre Mulot.	1683-1690
René Pissard.	1690-1740
François-Xavier Riveron. .	1740-1784
Antoine Lacourly	1784-avant 1800

Hélas ! de tous ces prêtres, vénérables sans doute, nos papiers ne nous ont rien conservé que les noms, et ceux qui furent leurs paroissiens ont disparu depuis tant d'années ! Cependant, un acte de 1746 nous apprend que messire René Pissard ayant laissé à sa mort une dette de 156 livres 12 sols envers la fabrique, celle-ci fit vendre ses meubles. N'en faut-il pas conclure que messire René Pissard est mort de la belle manière pour un prêtre, qu'il est mort pauvre ?

Il avait été cinquante ans curé de Thénezay. Son successeur, François-Xavier Riveron, prêcha aussi la parole de Dieu cinquante ans dans la même paroisse : six ans comme vicaire, puis quarante-quatre ans comme curé. Il fut enterré le 24 février 1784, « à l'âge de 79 ans et demi ». De tels hommes, pour peu qu'ils eussent de talent et de vertu, dans un temps où la dignité sacerdotale était si hautement appréciée des populations, devaient aisément passer, sur leurs vieux jours, pour des saints à mettre aux litanies. *Laudemus viros gloriosos et parentes nostros in generatione sua* [1].

---

1. Eccli. 44,1 : Faisons l'éloge des hommes illustres et des pères de notre race.

Le dernier curé de l'ancien régime fut Antoine Lacourly. Il était né à Thénezay (comme peut-être son
prédécesseur) d'Antoine Lacourly, marchand, demeurant au bourg, et de Marie Laleu. Ordonné prêtre, il fut
d'abord vicaire à Saint-Jouin-les-Marnes, ensuite à Thénezay pendant dix-sept ans, de 1767 à 1784, année où il
devint lui-même curé de Thénezay [1]. Pendant la Révolution, il fut jureur, puis se rétracta. Il mourut soumis-
sionnaire, avant 1800.

Je ne sais de lui rien autre chose, sinon quelques me-
nus faits recueillis dans les archives notariales, et qui,
vus de loin, à raison du temps où ils sont survenus, donnent à rêver.

Le 2 mars 1789, il assiste au renouvellement par
devant notaire du titre du rente de 20 livres que la Cathédrale de Poitiers possède sur la cure de Thénezay. C'est
pour la dernière fois que le titre se renouvelle. Un vent
violent va se lever sur la France, dans la nuit du 4 août,
et ce contrat séculaire sera emporté, avec beaucoup
d'autres, comme une feuille morte.

M. Lacourly revient de temps en temps chez le notaire. Il achète, le 31 décembre 1790, une vigne de un
journal et trois quarts, située au fief du Pied de Doux,
pour 42 livres au comptant ; le 1er juin 1791, une
autre vigne, de deux journaux environ, située au
fief du Pré-l'Abbesse, pour 90 livres au comptant ;
enfin, le 20 juillet 1792, une troisième vigne, de quatre
journaux, située encore au fief du ·Pied de Doux,
pour 40 livres au comptant, avec la charge d'une
rente de 4 livres. Pour sûr, il ne se doute pas, lui qui

---

1. Le cas est assez fréquent, sous l'ancien régime, d'un vicaire qui de-
vient curé de la paroisse : témoin M. Grollet, qui fut vicaire de 1666 à
1667. Plus fréquemment encore j'ai rencontré des vicaires de Thénezay
qui étaient natifs de Thénezay : il y en a sept ou huit rien que pour le
xviiie siècle.

achète tranquillement des vignes sur les bons coteaux,
il ne se doute pas des formidables événements qui vont
venir : les prêtres emprisonnés et massacrés par milliers,
lui-même chassé de sa cure et de son église, et la maison
de Dieu transformée en un grenier à foin. C'est qu'on
était à l'aise dans la barque de l'Église gallicane, et l'on
y sommeillait doucement, tandis que des courants de plus
en plus rapides l'entraînaient vers la grande chute où
elle allait périr engloutie.

Il me semble en avoir assez dit pour éclairer les documents qui vont suivre, si on veut bien y jeter les
yeux.

Oh ! je ne me fais pas d'illusion sur leur importance :
ils sont d'un intérêt tout local ; à peine ajouterais-je que
cinq ou six fois ils portent un peu plus loin. Comme ils
auraient plus de valeur, si, au lieu d'appartenir à une
bourgade obscure du Poitou, ils nous venaient des bords
du Nil. des campagnes de l'Attique ou de la Judée ! Le
monde y serait attentif, et partout, depuis Tokio jusqu'à
San-Francisco, en passant par Saint-Pétersbourg et
Paris, il y aurait des savants curieux de les lire et de les
commenter. C'est que l'Orient est, pour tout homme qui
pense, une terre natale : il y a quelque chose, et du meil-
leur de notre âme, qui a vu le jour là-bas, sur les collines
de Judée, et il s'y est dit des paroles, il s'y est passé des
événements qui secouent encore les sensibilités humaines.
La destinée de nos bourgs poitevins n'a pas été aussi
brillante ; ils ont reçu la lumière et ne l'ont point donnée ;
leurs archives ne sauraient avoir d'intérêt que pour un
petit nombre.

Mais je n'ai point l'ambition d'éclairer le monde en
publiant des textes sur Thénezay. Il me suffit du plaisir
que j'y trouve, ou que peut-être je procure à quelques-uns
de mes compatriotes et de mes amis. J'ai vécu trois

semaines de mes vacances au milieu des morts, ceux d'il y a plus de cent ans, et leur société me fut particulièrement douce. Puissé-je communiquer à d'autres la sympathie que je me sens pour eux. Puissé-je réveiller leur souvenir dans le cœur des vivants. Puissé-je ainsi faire aimer davantage la terre natale, avec laquelle leurs chairs se sont mêlées en attendant le jour du Christ auquel ils ont cru.

Les procès-verbaux des assemblées

I

14 septembre 1681.

(Minutes René Chénier.)

... A la provocation poursuitte et diligence de René Bauldin, journallier, procureur sindic de la parroisse,... a lisseuc de la grand messe parrochialle, dicte et cellebrée par le sieur Jean Collet, prestre, vicaire de la dicte parroisse...

Pour la nomination des collecteurs des tailles.

Sont nommés : Pierre Chillaud, Martin, Billard, Jean Boutin, François Aguillon, Pierre Aubert.

II

20 et 23 septembre, 24 octobre 1682.

(Archives de l'évéché de Poitiers.)

Je réunis ici trois pièces concernant la désaffectation d'un angle du cimetière. Dans la première, l'évêque de Poitiers donne commission au curé de Saint-Laurent de Parthenay de faire une enquête *de commodo et incommodo*, comme nous disons encore aujourd'hui. La seconde est le procès-verbal d'enquête, dressé dans l'assemblée générale des habitants. Par la troisième, l'évêque ordonne, conformément au désir du plus grand nombre, que l'angle de terrain qui était en question soit retranché de l'enceinte du cimetière.

A noter la rédaction de ces trois pièces, bien supérieure à la prose des notaires de Thénezay.

A

Hardouin Fortin de la Hoguette, par la grace de Dieu et du Saint-Siège apostolique, evêque de Poitiers, conseiller du Roy en ses conseils, etc. ;

Sur ce qui nous a esté représenté qu'en faisant la closture du cimetiere de Thenezay, il se rencontre un petit angle qui couvre l'entrée de la halle et gaste la place ou se tiennent ordinairement les foires et marchés [1], et que pour le bien public il serait nécessaire de transporter les tombes qui sont dans le dit angle dans quelque autre lieu du cimetiere non occupé, — nous avons commis et commettons par ces presentes le sieur Babin, curé de Saint-Laurent de Parthenay, pour se transporter au dit lieu de Thenezay, pour visiter le dit angle et raporter un procèz verbal de la commodité ou incommodité d'iceluy et du transport des dittes tombes, pour estre par nous ordonné ce qu'il appartiendra.

Donné à Poitiers, le vingtiesme jour de septembre mil six cents quatre vingt deux.

Signé : HARD., Evesque de Poitiers.

Par Monseigneur, LE CHAPELIER.

B

Auiourdhuy, vingt troisiesme septembre mil six cent quatre vingt deux, en exécution de l'ordonnance de Monseigneur l'illustrissime et reverendissime evesque de Poitiers du vingtiesme de ce mois, de luy signée, et plus bas : par Monseigneur, Le Chappelier, — je soussigné

---

1. Le marché se tenait le vendredi, et il y avait alors cinq foires par an : le 23 janvier, le 25 avril, le mardi de la Pentecôte, le 29 septembre et le 11 novembre.

curé de-saint Laurent de Parthenay, me suis transporté
au bourg de Thenezay, ou étant j'ay fait sonner la cloche
à la manière accoutumée.

Au mesme temps se sont ensemblés messire François
Mestreau, Louis Jaulain, fabriqueur, François Rivron,
procureur sindiq, maistre René Gabard, nottaire, Gilles
Prieur, François Bergereau, Pierre Métays, Jean Sene-
cheaux, Martin et Florent Jaulain, Louis Thibault, Marin
Rivière, René Dupeux, Louis Sauvageaux, Jean Riviere,
Jacques Blanchetteau, René Farou, Jean Ory, Pierre et
René Gaudin, François Poinaud, Urbain Prieur, Jacques
Senechaux, Matthurin Ouvrard, Charles Guillon, Simon
Aubin, René et Charles Blanchetteau, Jacques Couillaud,
Jacques L'Esvein, Paul Morin, Martin Saurin, Estienne
Hérault, Matthurin Guyonneau, André Bergereau, Ger-
main et Pierre Hérault, Nicollas et Pierre Aubert, Jacques
Le Sage, Anthoine Lamotte (?), et Hilaire Sauvageau, et
austres, faisant la majeure partie des habitans :

Auquels j'ay lu et donné connaissance de l'ordonnance
de mon dit Seigneur, et au même temps suis descendu
avec eux à l'entrée du cymetiere, auquel la halle est
joignante, et après avoir examiné les causes de la ditte
ordonnance, les dits habitans de Thenezay ont reconnu
qu'en continuant la clôture du cimetiere il se trouverait
un angle d'environ vingt huit pieds de largeur et de
cinquante de longueur, qui couvrirait l'entrée de la halle
et qui incommoderait beaucoup la place ou se tiennent
ordinairement les foires et marchés, ce qui leur serait un
notable prejudice, et partant estiment qu'il est à propos
pour le bien public, non seulement de retrancher le dit
angle du cimetiere et conduire la muraille que Monseigneur le duc Mazarin [1] a la bonté de faire faire en droite
ligne, et d'autant plus qu'il n'y a que seize tombes qu'on

1. Cf. p. 48.

peut aisement placer deux toises au delà en un lieu qui n'est point occuppé, mais encore de retrancher une autre espace, qui est joignante au dit angle et dans lequel il n'y a pas de tombes ny sepultures, contenant cinquante deux pieds de longueur.

Et à l'instant sont intervenus André Pain et Mathurinne Mitaud, lesquels nous ont dit que le dit angle doit être conservé comme le reste du cimetiere, qu'ils y ont leurs sepultures et méme que depuis six mois un de leur famille y a été enterré, et qu'ils s'opposent au retranchement du dit angle. Et les dits habitans sus nommés au contraire ont persisté en leur réquisition et demandé le dit retranchement pour les raisons cy dessus.

Et dont du tout nous avons dressé notre proces verbal, que nous certifions véritable, a Thenezay, le dit an et jour que dessus. Et joingt que le cimetiere est assez grand et dont partie n'est poinct occuppé...

Et ont tous déclaré ne scavoir signer hors les soussignés :

Francois Mestreau, prestre servant à Thenezay par mandement de Monseigneur de Poitiers, Morin, Gabard, C. Guesnard, Hillaire Sauvageau, J. Seneschaud, Urbain Prieur, Louis Jaullain, fabriceur, C. Guillon, François Senescheau, Florand Jaullain, M. Jaullain, J. Couillaud, Louis Thibault, C. Blancheteau, René Blancheteau, Jacque Jollain, P. Aubert, Babin, commissaire susdit.

C

Hardouin Fortin de la Hoguette, par la grâce de Dieu et du Saint Siége apostolique, Evesque de Poitiers, conseiller du Roy en ses conseils, et à tous ceux qui ces présentes verront, salut.

Scavoir faisons que veu par nous nostre ordonnance,

par laquelle nous aurions commis le sieur Babin, curé de
Saint Laurent de Parthenay, pour faire la visite du cimetière de la paroisse de Thénezay de nostre diocèze, et
surtout de l'angle ou endroit qui ne peut estre commodé-
ment renfermé dans la closture que l'on veut faire du dit
cimetière, et du tout en dresser son procès verbal pour
estre par nous ordonné ce qu'il appartiendrait, — la ditte
ordonnance et commission en date du vingtiesme de
septembre dernier, — procès verbal fait par le dit sieur
Babin de la visite du dit angle et endroit du dit cimetière,
en présence de la majeure partie des habitans de la dite
paroisse, par lequel il conste que le dit angle et endroit
du dit cimetière ne se peut renfermer dans la closture que
l'on prétend faire d'iceluy sans une notable incommodité
du public, en ce qu'il empescherait l'entrée de la halle et
place où se tiennent ordinairement les foires et marchez,
ce qui fait qu'il est nécessaire de retrancher le dit angle
ou espace de la closture du dit cimetière, a quoy tous les
susdits habitants ont consenty, à l'exception des nomméz
André Pain et Mathurine Mitault, lesquels ont dit qu'ils
s'y opposaient pour les raisons qu'ils y ont déduittes. —
Le dit procèz verbal en datte du vingt et trois du dit
mois de septembre ;

Tout veû et consideré, nous avons, sans avoir esgard
à l'opposition des dits Pain et Mitault, permis et permet-
tons de retrancher de la closture du dit cimetière de
Thénezay l'angle et endroit spécifié au dit procèz verbal,
et ce pour la commodité publique, à la charge et condition
toutefois que les tombes et ossements de ceux qui ont esté
cy devant inhuméz dans le dit angle seront décemment
transféréz en temps et lieu convenables au dit cimetière,
et avec les céremonies en tel cas requises et accoutumées.

Et sera notre présente ordonnance publiée au prosne
de la messe paroissiale du dit Thénezay et signifiée à qui
il appartiendra.

Donné et fait à Poitiers, dans nostre palais episcopal, le vingt et quatrième jour d'octobre mil six cents quatre vingt deux.

Signé : Hard., E. de Poitiers.

Par Monseigneur, Le Chapelier, sécr.

III

27 septembre 1682.

(Minutes René Chénier.)

A lassembléé genneralle des manans et habitans de la parroisse de Thenezay, faicte et comvocquéé au son de la cloche, a la manniere accoustuméé, au devant la porte et entréé principale de leglize de Thenezay, a lisseue de la messe parrochialle dicte et cellebréé en la dicte Eglize par messire Mestreau, prestre, curé de la dicte parroisse, ce dimanche vingt septième jour de septembre, mil six cent quatre vingt deux ;

Sur remontrance qui a esté faicte par Jean Rivron, procureur sindicq de la dicte parroisse, de ce que lon est en desseing de profanner le simetière quy est au bout de la halle et la ou est lencienne croix, et becher la terre, et porter les corps avecque les cerémonies ecclesiastiques dans leglize de cette parroisse, et pour a quoi adviser et savoir la vollonté de ceux quy ont des sepultures ;

A laquelle assembléé se sont compareus et porté en leurs personnes les nomméz Mathurine Mitault, Marie Pineau, veuve de Pierre Mitault, Estienne Roboam et Marguerite Collon, sa femme, André Pain, Pierre Pain, Anthoine Pain, Pierre David, Jean Chollet, André Chollet, Jean Maunoury, René Proux, Mathurin Dribault, Jean Pineau, quy ont tous des sepultures dans le dict

endroit et des gens enterrez depuis pas mesme depuis un
an, et quy sont oppozés a ce que ce soit profanné ;

Et en outre se sont compareus et presant en leurs
personnes les habitans particulliers et non suspecq et ni
favorables a aucune des personnes interesséés dans les
choses dessus dictes, quy sont les nommés Jacques
Lesvin, Brau Faugon, Jean Royer, Pierre Garnier,
Michel Gorin, René Laurentin, André Martin, Pierre
Pineau, estant ensemble et faicsant la plus grande et
saine partie des habitans ;

Lesquels après avoir murement deliberé, hors ceux
des habitans

(Quelques lignes déchirées ou illisibles ; je crois que le
procès-verbal note ici l'opposition de quelques habitants qui,
ayant le cimetière devant leur porte, ne voulaient pas qu'on
en reconstruisît les murs, afin de pouvoir utiliser à leur guise
le terrain.)

ont tous dun commung accord esté dadvis que le simetiere sera clos et renfermé de murs estant le plus encien

(Quelques lignes illisibles).

et que le dict simetiere ne gesne aucunes choses, que les
dicts particuliers sen sont servi pour faire la decharge de
leur bois et autres choses profanes, et ayant plus que
suffisan dautres endroits pour tenir des foires ou marchés,
que pour ce il soit faict des murs autour, a la manniere
accoustuméé, et y ayant contribué ceux quy y ont des
sepultures aux allentours.

Quy est tout ce quy a esté deliberé à la dicte assemblée
et devan notaires nous soubsignés establis en la cour du
duché de la Melleraye.

Faict et passé au dict lieu et jour susdit.

Et ont declaré ne savoir signer, fors les soubsignés de
ce anequis.

Jean Chollet, Pierre Senechault, René Proux, Michel Gorin, René Laurentin, Marin Senechault, Mandé Riviere, Aguillon Jean, Louis Huguet, J. Ouvrard, Hardien, not. roy., Chesnier, not. roy.

IV

13 octobre 1682.

(Minutes René Chénier.)

... Sur la remontrance faicte par Jean Royer, journallier et procureur sindicq, que François Pineau, nommé collecteur des tailles pour l'année suivante, demande à être déchargé.

L'assemblée décide qu'il demeurera en charge.

V

5 décembre 1683.

(Minutes René Chénier.)

A lassemblée genneralle des manans et habitans de la parroisse de Thenezay..., a lisseue de la messe parroichialle, dicte et cellebréé en la dicte Eglize par messire Rocroy, prestre, vicaire de la parroisse... et sur la remontrance quy a esté faicte aux dicts habitans par Marcq Gerbier le receveur, quy a dict que, quoy quil soit aagé de soixante et dix ans ou plus, et qu'il ne peut aller et ne voit presques pas accauze de sa caducité, neanmoing messieurs les esleus nont lessé de leslire et nommer collecteur pour lannéé prochaine, mil six cent quatre vingt quatre, quy faict

quil suplie les dicts habitans de voulloir loster de la dicte
charge de collecteur et mettre en sa place Anthoine Gerbier, son fils, quy est plus capable ;

A laquelle assembléé se sont treuvés et compareus en
leurs personnes les nomméz François Martin, Jacques
Blancheteau, François Aguillon, Jean Esline, Paul Morin,
Mathieu Gerbier, Jean Bridier, Marin Rivière, François
Moreau, et autre soubsignez, fezant la plus grande et saine
partyes des dicts habitans, et fezant tant pour eux que
pour les autres absans ;

Lesquels ont dict que se nest point eux quy lont esleu
et nommé collecteur, que se sont messieurs les esleus, et
que ainsy quilz ne peuvent loster, mais que sy messieurs
les esleus de Poictiers veullent lhoster et mettre en sa
place le dict Anthoine Gerbier son fils, quilz le con-
santent ;

Quy est tout ce quy a esté delliberé...

VI

14 octobre 1685.

(*Minutes René Chénier.*)

A lassembléé des manans et habitans de la parroisse
de Thénezay, faicte au son de la cloche, a la maniere
accoustumée, ce jourdhui dimanche, quatorziesme jour
doctobre mil six cent quatre vingt cinq, pour avizer aux
affaires de la dite parroisse, et particulierement sur la
remontrance faicte par messire Pierre Mullot, prestre,
curé du dict lieu et Paul Morin sieur Delavau, que sur
la necessité quil y avoit de faire bastir une sacristye a la
dicte eglize, monseigneur levesque de Poitiers avoit
approuvé le lieu quy avoit esté choisy par le commissaire

envoyé par monseigneur de Clerambault [1], quy est proche
et joignant la mazure de la chapelle dicte enciennement
de Jumeau [2], et monseigneur le duc de Mazarin [3], seigneur
de ce lieu, voullant y contribuer, avoit faict offrir par le
sieur de la Chutelliere [4] la somme de quarente esceus [5],
a la charge que les habitans sobligeassent de faire faire
la dicte sacristye et de fournir le surplus de ce quil conviendra, tant de materiaux, main de louvrier que de touttes
autres chozes gennerallement quelconques ;

A laquelle assembléé se sont compareus les dicts sieurs
Mullot, Morin, François Moreau, Michel Poirault,
Honoré Joubert, Michel Ferré, Jean Georget, Jean Roy,
Pierre Mestais, Paul Morin, Mathurin Baudrois, Allexis
Senechault, Hillaire Aubeneau, Martin Jaullain, et plu-
sieurs autres, tous manans et habitans de la dicte parroisse,
et fezant la plus grande et saine partye dicelle, tant pour
eux que pour les absens ;

1. Mgr Gilbert de Clérambault, évêque de Poitiers, était mort en 1680,
ce qui prouve que l'affaire de la sacristie traînait depuis quelques années.
En 1685, l'évêque était Mgr Hardouin Fortin de la Hoguette.

2. Chapelle dédiée à sainte Catherine, située dans le cimetière, tout
proche de l'église. Le chapelain était nommé sur la présentation du seigneur de Jumeaux. Revenus : 10 écus. (V. Drochon, *l'Ancien Archiprêtré
de Parthenay*. Procès-verbaux des visites faites en 1598 par messire
Antoine Pasquet, archiprêtre, p. 56. V. aussi les *visites* de Gabriel
Maisondieu aux archives des Antiquaires de l'Ouest.)

3. Armand-Charles de la Porte, duc de la Meilleraye et de Mazarin
(1632-1713), était fils du maréchal de la Meilleraye et de Marie d'Effiat.
Il épousa en 1660 l'une des nièces du cardinal Mazarin, Hortense Mancini, qui lui apporta en dot trois millions six cent mille francs. Le cardinal fit des jeunes époux ses légataires universels, à condition qu'ils
prissent son nom et ses armes. Il mourut l'année suivante, leur laissant
une fortune évaluée à vingt-huit millions, sans parler du gouvernement
de plusieurs villes ou provinces. On sait combien fut malheureuse l'union
du duc de la Meilleraye et de la belle Hortense Mancini.

4. Josias-Charles Olivier, sieur de la Chuteliére, conseiller du roi,
était secrétaire des commandements du duc de la Meilleraye. Ce fut lui le
premier qui acheta, en 1699, la charge de syndic perpétuel de la ville de
Parthenay. Il mourut en 1717, âgé de 96 ans. (Cf. Ledain, *la Gâtine*,
341.)

5. C'est l'écu d'argent, qui valait trois francs de notre monnaie.

Et apres avoir murement avizé et consideré la proposition cy dessus, ont tous dun commung accord esté dadvis daccepter loffre de quarante esceus, que monseigneur le duc de Mazarin a faict faire et de le remercier tres humblement, moyennant quoy ilz estime quil est a propos de faire bastir la dicte sacristye ;

Et pour ce, les dicts habitans presans et personnellement estably sous la cour du duché de la Melleraye, par devan nous nottaires soubsignez, tant pour eux que pour les absens, ont promis et se sont vollontairement obligé, moyennant le payement des quarante esceus, de faire faire et parfaire entierement la dicte sacristye a leurs frais et depans, et tant de materiaux, main de louvrier que autres chozes gennerallement, a paine de tous despans et dommages interest ;

Et pour cet effet, ont les dicts habitans donné pouvoir au dicts sieurs curé et Morin de faire les marchés necessaires, promettant les avoir pour agreables ;

Et a ce faire, ilz ont obligé et hipotecqué tous et chascun leurs biens presans et futurs, dont acte ;

Faict et passé au bourg de Thenezay, au devan la grande porte de leglize du dict lieu a lissue de la messe parroichialle, sur les huit heures du matin, les jour et an susdicts ;

Et ont tous declaré ne savoir signer, fors les soubsignez de ce enquis :

Mullot, prestre curé de Thenezay, J. Royer, M. Baudrois, A. Senechault, Morin, H. Aubeneau, J. Aubert, M. Jaullain, Georget, Pierre Dudoit, Gabard, n. r., Chesnier, n. r. [1].

---

1. A la suite de cet acte j'en trouve un autre qui n'est qu'une copie du premier, avec en plus une indication sur les dimensions de la sacristie, qui doit être « de douze pieds au carrés entre murs et dix pieds de hault et mambrissé par le dessus ».

VII

25 novembre 1685.

(*Minutes René Chénier.*)

A lassembléé genneralle... a lisseue de la messe parroichialle, dicte et cellebréé en la dicte eglize par messire Mathurin Filleux, prestre, et sur la remontrance quy a esté faicte aux dicts habitans par messire Pierre Mullot, prestre, curé de la dicte parroisse, que messire Guillaume Albert, prestre, a un mandement de monseigneur levesque de Poitiers pour estre viquaire en la dicte parroisse de Thenezay en la place de messire Filleux ;

A laquelle assembléé se sont treuvés et compareus en leurs personnes les nommez sieurs Mullot, Albert, Jacques Moussault, Mathurin Baudrois, Pierre Aubert, Hillairé Sauvageau, Allexis Senechault, Louis Thibault, Jean Georget, Pierre Dudoit, Clement Guignard, Louis Huguet, René Berthonneau, et autres soubsignez, fezant tant pour eux que pour les autres absens ;

Et lesquels, apres avoir murement advizé et conferré ensemble, et veu la necessité davoir un prestre pour leur dire la messe les dimanches et festes, et leur administrer les saints sacrements, et apres avoir veu les mandements de monseigneur de Poitiers, presanté par le sieur Albert, en date du dix novembre dernier, signé Ardouin evesque de Poitiers, pour venir au dict Thenezay, pourveu que le dict sieur Albert laye pour agreable, ont tous suplyé le dict sieur Albert daccepter le viquariat pour leur dire, les dimanches et festes, tant sollennelles ques autres, une messe a lheure accoustuméé, et leur administrer les saints sacrements, tant santé que mallade, et touttes fois et quante le dict sieur Albert en sera requis par eux ou par mon dict sieur le curé de la parroisse, voullant tous les dicts habitans que le tout soit au gré mandement et choix du dict sieur curé ;

Moyennant quoy les dicts habitans se sont obligé chascun a leurs esgards, seullement au dict sieur Albert, de luy payer par chescun an, jour de feste de saint Michel, savoir : par chescun laboureur a un arreau, un boisseau de bledz froment, — et les laboureurs a deux arreaux, deux boisseaux, — et ceux quy labourent par des bouriquets, un boisseau de bledz baillarge ou huit solds, le tout a la mezeure du dict Thenezay [1], — les bons marchands, huit solds, — les journalliers cinq solds, — les pauvres femmes veuves de journalliers, trois solds, et la glaine dont on a accoutuméé estre donnéé ;

Le premier payement du dict bledz et argent commencera à la dicte feste de saint Michel prochaine et continuera en après dannéé en annéés, tant que le dict sieur Albert et les habitans seront respectivement contans les uns des autres ;

Et le dict sieur Albert accepte toutles les dictes charges cy dessus et soblige de servir en la dicte parroisse les années entières et complettes, dont la premiere commencera la nostre dame de mars prochaine, sauf a se faire rembourser des depanses (?) quil fera par le sieur Filleux ;

Tout ce que dessus a esté ainsy voulleu et stipullé et accepté par les partyes, et a ce faire a lentretien (?) elles ont obligé et hipotequé tous et chescun leurs biens presans et futurs ;

Faict et passé au devant de la porte de la dicte eglize de Thenezay, sur lheure de neuf heure du mattin, les jour et an que dessus ;

---

1. Le boisseau de Thénezay valait un quart de celui du minage de Poitiers, *sep du Pin*, soit 14 litres 25 cent. Cf. Beauchet-Filleau, *Mém. de la Soc. de Statistique des Deux-Sèvres*, 2ᵉ série, t. VIII, année 1868, p. 111.

Et ont les dicts habitans declaré ne savoir signer, fors les soubsignez de ce enquis :

Mullot, prestre curé de Thenezay, Filleux, le prieur de Massogne [1], Richemont de Colleville, Joseph le Bault, Charles Le Bault [2], Albert, viquaire de Thenezay, Aubert, L. Huguet, Morin, A. Senechault, H. Berthonneau, Hillaire Sauvageau, J. Moussault, Pierre Dudoit, C. Guesnard, L. Thibault, J. Senechault, Urbain Pinard, Georget, maistre chirurgien, procureur fabriqueur, Gabard, not. roy., Chenier, not. roy.

VIII

4 août 1686.

(*Minutes René Chénier.*)

... Sur la remontrance faite par René Blancheteau, procureur syndic, « qu'il se presante Monsieur de Noaille (?) pour loger une compagnie ».

L'assemblée déclare avoir « composé avec les sieurs dragons a la somme de quarante livres dix sould », et elle nomme ceux qui devront recueillir cette somme [3].

---

1. Messire Alexis Guérin, qui avait prononcé à Thénezay le panégyrique de saint Honoré, en présence de l'évêque de Poitiers, le 10 octobre de la même année (Cf. P. Vigué, *Saint Honoré de Thénezay ou de Buzançais*, p. 59.)

2. Les Le Bault étaient une famille noble qui possédait les seigneuries du Peux, de la Forêt et de la Chaussée-Faubert. Ils furent maintenus nobles par sentence du 10 décembre 1667. Ils portaient « d'argent à un cerf passant au naturel, soutenu par deux aigles de sable ». La famille s'est éteinte à Thénezay dans la seconde moitié du XIXe siècle. Il en existe encore une branche en Anjou. Leurs papiers sont aux Archives de la Vienne.

3. Je n'ai pu découvrir pourquoi était venue cette garnison. La paroisse n'avait point de protestants à convertir. Peut-être était-ce pour un retard dans le paiement des impôts.

IX

17 octobre 1686.

(Minutes René Chénier.)

... Sur la remontrance faite par René Blancheteau, procureur syndic, que « Mathurin Dribault sur une fausse exposition a esté dechargé de la charge de collecteur ».

L'assemblée maintient Dribault en charge.

X

12 octobre 1687.

(Minutes René Chénier.)

... A la poursuite et diligence de Marin Rivière, procureur syndic, pour la décharge de Marteau nommé collecteur pour l'année suivante.

L'assemblée nomme en sa place Louis Ayrault, du Peux.

XI

25 juillet 1688.

(Minutes René Chénier.)

... Sur la remontrance faite par Louis Huguet, fabriqueur, pour faire payer un reliquat de 221 livres 10 sols, « lequel debvait estre es mains de Paul Morin sieur Delavault ».

L'assemblée nomme pour faire payer cette somme

« le sieur René Gabard, notaire, demeurant au bourg
de Thenezay ».

XII

12 décembre 1688.

(Minutes René Chénier.)

A l'assembléé gennerale des procureur sindicq, manans et habitans de la parroisse de Thenezay,...... sur
la remontrance quy a esté faicte aux dicts habitans par
Louis Jaullain, procureur sindicq de la dicte parroisse,
quil est venueu une commission en la dicte parroisse de
monsieur le marquis de Verracq, lieutenant du roy en
cette province, pour loger et norir le lieutenant de la
compagnie de Ravennel quy a esté taxéé par monseigneur lintendan a trante solds par jour, et que les habitans du village de Doux y debvaient contribuer, et quil
est besoing de nommer deux habitans pour amasser les
dicts deniers pour éviter les cavalliers quy pourraient
venir en la dicte parroisse ;

A laquelle assembléé se sont rendeus et compareus les
nommez Jacques Blancheteau, François Moreau, Pierre
Moreau, Jean Georget, Louis Huguet, René Chaigneau,
Jean Fauchet, Pierre Fergeau, Pierre Rondier, tous
habitans de la dicte parroisse..., apres en avoir deliberé,
ont tous dun commung accord esté dadvis que les dicts
habitans du village de Doux y contribueront pour un
tiers.

(Ici plusieurs lignes à peu près illisibles : il y est dit,
semble-t-il, que les terres de Doux sont meilleures et que
la majeure partie de la paroisse est en « terres ingrates »
et « en bois de brandes ».)

Ont esté dadvis que les collecteurs de lannée presante
donneront une copye de leurs rolles au dict sindicq
incessamment ; et ont esté nommez Hillaire Aubeneau
pour le village de Doux, Laurent Riviere, du Peux, pour
amasser conjoinctement avecque le sindicq ;

Et que chescun habitan payera jusques a et sur le pied
de six deniers, et quils devront les payer au sieur lieu-
tenan de mois en mois suivant son ordre, et quils feront
incessamment rendre conte a Marin Rivière, procureur
sindicq, en presance dun notaire, des quinze livres quil
a receu pour recompanse du dragon de lannéé derniere ;

Et tous les habitans seront teneus et obligé de porter
ce quils penseront devoir entre les mains des dessus
dicts, a paine de repondre des frais quy se pourront
faire ;

Quy est tout ce quy a esté deliberé en la dicte assembléé...

XIII

12 avril 1689.

(Minutes René Chénier.)

Les pièces XIII et XIV nous font toucher aux origines les
plus lointaines de ce que nous appelons aujourd'hui *le service
militaire obligatoire*. Il s'agit des milices provinciales établies
par une ordonnance de Louvois, en date du 29 novembre
1688, pour renforcer l'armée régulière, alimentée jusque-là
par des enrôlements plus ou moins volontaires.

Chaque province eut à fournir un certain nombre de com-
pagnies d'infanterie recrutées dans toutes les paroisses. Le
principe était que chaque paroisse envoyait autant de soldats qu'elle payait de fois deux mille livres de taille, les
soldats devant être pris parmi les « garçons ou nouveaux

mariés » âgés de vingt ans au moins et au plus de quarante. Thénezay dut en donner deux, à ce que nous voyons par les procès-verbaux des assemblées.

La désignation des hommes fut laissée d'abord à la volonté des habitants ; mais comme il en résultait de fâcheux abus, une ordonnance du 23 décembre 1691 substitua le tirage au sort à l'élection.

Les miliciens devaient être habillés, équipés, armés aux frais de la paroisse. La durée du service, qui était dans le principe de deux à trois ans. fut portée par la suite à six ans. Quant au remplacement, tantôt il fut interdit, tantôt favorisé par le pouvoir central.

Les milices ne prenaient guère que dix mille hommes dans toute la France. Pourtant, elles pesaient lourdement sur le peuple qui s'en plaignait fort. Licenciées après les traités d'Utrecht (1713) et de Rastadt (1714), elles furent réorga-nisées d'une manière plus solide, par une ordonnance du 25 février 1726, pour constituer une réserve permanente d'infanterie. Le contingent du Poitou forma les trois batail-lons de Poitiers. de Saint-Maixent et de Fontenay. C'est à celui de Poitiers que Thénezay envoyait ses hommes.

Dans les pièces XIII et XIV, nous voyons quelque chose des difficultés que soulevait la désignation des miliciens, au temps où ne se pratiquait pas encore le tirage au sort. Deux hommes ont été choisis, Jean Colon et Claude Pasquinet. Mais Pasquinet proteste qu'il n'est pas de la paroisse. Les habitants maintiennent leur choix. D'où procès, gros soucis pour le pauvre syndic, et, sans nul doute, forte dépense pour tout le monde.

... Sur la remontrance quy a esté faicte que le nommé Claude Paquinet, soldat de la millice, a présenté requeste a monseigneur lintendant pour estre deschargé, veu quil nest point de la parroisse ; ·

A laquelle assemblée se sont rendeus et compareus en leur personnes les nommez Jacques Blancheteau, François Moreau, Jean Hesline, Pierre Senechault, André Dupeux, René Berthonneau, Marin Rivière, Louis Sauvageau, René Aubert et plusieurs autres soubsignéz, fezant la plus grande et saine partye des dicts habitans, tant pour eux que pour les absens ;

Et après avoir examiné lassignation quy leur a esté donnéé cejourdhuy a la requeste du dict Paquinet, ont donné pouvoir au dict Jaullain, sindicq, dy comparoir et dire que le dict Paquinet a habité et demeuré domestique en la dicte parroisse depuis dix ans, et que lannéé presante il y a faict ses paques, et quil na point demeuré en la maison dudict Tenot (?), comme il a allegué, depuis dix ans ;

Et en quas quil soit dechargé par Monseigneur, declarer quil nomme pour soldat la personne de Jean Chasteigner, quy sera presenté par le dict sindicq pour estre receu conformement aux ordonnances royaux aux frais de la parroisse ;

Dont les dicts habitans nous ont requis acte pour valloir et servir ce que de raison ;

Fait et octroyé au bourg de Thenezay, au devant la dicte porte de léglize a lissue de la grand messe, cejourdhuy douxieme jour de avril mil six cent quatre vingt neuf.

Et ont declaré ne savoir signer, fors les soubsignés :

Berthonneau, J. Aubert, J. Royer, L. Jaullain, Ouvrard, Rodde, C. Guesnard, Senechault, R. Laleu, Chenier, not roy.

XIV

1er mai 1689.

(*Minutes René Chénier.*)

... Sur la remontrance quy a esté faicte aux dicts habitans par Louis Jaullain, procureur sindicq dicelle, quil a

convenneu (?) plusieurs frais pour esquiper les soldats
de millice, et leur fournir deux fuzils, deux chemize, deux
couattes, des soulliers, un fourniment, une malle, une
guibasse [1] et plusieurs autres affaires, et pour payer les
voyages et depanses des dragons pandant cinq journéés
quils ont demeuré en la dicte parroisse, et les depanses de
quatre a cinq voyages quil a falleu se transporter avecque
quatre a cinq habitans, pour plaider devan monseigneur
lintendant, conduire les nommez Jean Collon, Claude
Paquinet et le dict Jean Chasteigner, et aussi quil debvait rendre ses contes de ce quil a esté amassé pour la
paroisse. . . . .

Tous ont esté dadvis de nommer quatre des dicts habitans pour examiner les dicts contes, les plus idoines et
capables que faire se pourra ;

Et ont nommé les personnes de Jean Gorin pour Doux,
Pierre Riviere pour la Moisnie, maistre René Gabard,
Mathurin Baudrais, René Berthonneau, quy se sont ten-
neus et obligés de travailler incessamment a paine de tous
depans et dommages interest, et pareillement dexaminer
les contes de Jacques Blancheteau et Louis Thibault quy
ont amassé pour labit des dicts soldats, et ceux de Marin
Riviere quy estait sindicq lannéé mil six cent quatre vingt
sept, et en leur ame et conscience...

XV

6 juin 1689.

(Minutes René Chénier.)

A lassembléé genneralle,... a lisseue de la messe parrochialle cellebrée en la dicte eglize par messire Pierre

---

1. Petite bourse de cuir. Ailleurs on trouve gibasse. V. Godefroy,
Dictionnaire de l'ancienne langue française.

Mullot curé de la dicte parroisse,... à la diligence de Louis
Jaullain, procureur sindicq,... et sur la remontrance quy
a esté faicte... que Louis Huguet, fabriqueur de la dicte
parroisse, est a bout et quil est lors a propos den nommer
et eslire un autre en sa place pour commencer ce jourdhuy et finir a pareil jour ;

A laquelle assembléé se sont rendeus et compareus...
Lesquels, apres en avoir murement advizé ensemble,
ont dune commune voye esleus et nommez la personne
de Jean Royer, maistre chirurgien [1], demeurant au bourg
de Thenezay, lequel a accepté la dicte charge, pour entrer en charge cejourdhuy et finir a pareil jour, et a la
charge au dict fabriqueur, pendant le dict temps, suivant
les ordonnances, denrecevoir les fruits, profits et revenus
et emollumens pendant le dict temps ; . . . .

. . . .

touttes fois a la charge de rendre un bon et fidel conte
a la fin du dict temps et par devan monsieur le curé et
quatre des principaux habitans, et de faire rendre conte
au dict Huguet, et de se comporter en son ame et conscience en lexercice de la dicte charge a la manniere
accoustuméé, a paine de tous depans et dommages interest ;

Faict et passé devan la porte de la dicte eglize, le jour
et an susdit.

---

1. Ne nous méprenons pas sur ce titre, qui, en ce temps-là, ne désigne
pas une profession si brillante qu'aujourd'hui. Les maîtres-chirurgiens
sont des barbiers, qui gagnent leur vie aussi bien à « faire le poil »,
comme on dit alors, qu'à faire de la médecine. Voici comment les appré-
cient, en 1729, les docteurs régents de la Faculté de médecine de Poitiers :
« Les chirurgiens de campagne sont gens pour l'ordinaire qui n'ont appris
qu'à faire la barbe et un peu à saigner. Avec tant d'ignorance dans les
campagnes, ils font les médecins, chirurgiens et apoticaires aux despens
de la vie et de la santé des sujets de Sa Majesté. » (Cf. Rambaud, *La
Pharmacie en Poitou jusqu'à l'an XI*, dans les *Mémoires des Antiquaires
de l'Ouest*, 2ᵉ série, t. XXX, p. 63.)

XVI

12 février 1690

(Minutes René Chénier.)

... Sur la remontrance faite par André Riviere, procureur sindicq « que Ollivier Aubeneau laboureur et Hillaire Gorin, aussy laboureur, ont donné une requeste a Messieurs les esleus de Poictiers, pour voir dire quils sont rayés et biffé des roolles de la parroisse de Thenezay et du village de Doux ».

L'assembléé proteste « que les collecteurs de la dicte parroisse de lannée presante nont point demandé sil taxerait les dicts Aubeneau et Gorin et ainsy les habitans dize que ce nest point a eux a soutenir la dicte instance, mais aux collecteurs, et déclare quils les desadvouhe en la dicte taxe ».

XVII

9 décembre 1690.

(Minutes René Chénier.)

Cette pièce des plus intéressantes ne paraît pas très claire. Le sens, je le suppose, est celui-ci : les héritiers de la dame Marie Girard ont la charge d'une messe par semaine ; M. Pissard, nouvellement nommé à la cure de Thénezay, se propose de dire ou de faire dire les messes qui auraient dû être dites pendant la vacance de la cure et il demande à la fabrique de faire rentrer les honoraires de ces messes ; mais la fabrique craignant des difficultés s'y refuse, et ce en des termes énergiques ainsi qu'on va le voir.

... A la remontrance faicte aux habitans par Jean Royer, maistre chirurgien et fabriqueur de la dicte parroisse, que messire René Pissard, prestre, curé de la dicte parroisse, est en dessin de le faire appeler pour lui payer le temps quil a faict le service du legat de dame Marie Girard, quy est une messe par semaine, et luy fournir des quittances et certificats comme quoy les dictes messes ont esté dictes depuis le decès de messire Pierre Mullot, cy devant curé de la dicte paroisse, jusques a sa prize de possession, – et que pendant le dict temps les dictes messes nont point esté dictes, du moing par son ordre, et que toutes lesquelles contestations pourraient former un grand procès qui consommeroit les reveneus de la dicte fabrique ; — et que les dicts habitans ont a delliberer et avizer ensemble sil (*le syndic*) fera apeller les heritiers de la dicte Marie Girard et luy donner procuration pour cet effet ;

A laquelle assembléé se sont rendeus et compareus en leurs personnes les nommez Jullien Vallanson, André Dupeux, Louis Huguet, René Chaigneau, François Garnier, André Riviere, Mathurin Baudrais, Jacques Blancheteau, Marin Senechault, Louis Thibault et autres manans et habitans, fezant la plus grande et saine partye des dicts habitans, tant pour eux que pour les absens ;

Et apres en avoir murement delliberé, tous d'un commung accord ont dict que la deffunte dame Marie Girard pouvait bien donner quelques fondations a la dicte fabrique, mais quelle ne pouvait y donner de charge pour en consommer les reveneus, et ainsy que sil y avait des procedures a faire quelles debvaient estre faictes par les dicts sieurs curés quy en profitaient, et non par les fabriqueurs ; — et sont dadvis que le gain soit abandonné au sieur curé, comme ils luy en font labandon par ces presantes, pour, par luy sieur curé, faire telles poursuites

quil advisera et se faire donner la dicte rente conformement au testament de la dame Girard...

Et pour le cas ou le sieur curé ne voudrait accepter
labandon, les dicts habitans luy ont donné pouvoir de
repondre a la dicte assignation, et dire que la dicte
fabrique ne profite en rien du dict legat et ainsy quelle
ne peut en avoir la charge.....

Quy est tout ce qui a esté delliberé.....

XVIII

22 avril 1691.

(*Minutes René Chénier.*)

... Sur la remontrance quy a esté faicte aux dicts habitans par messire René Pissard, prestre, curé de la dicte
parroisse, que les domaines dependans de la fabrique de
la dicte parroisse demeurent vacants, et que les
preceddants fermiers sont a bout, et quil est a propos
den faire un bail a ferme au plus offrant encherisseur.....
décision est prise de faire un bail a ferme des terres et
domaines dependant de la dicte fabrique de Thenezay
genneralles et quelconques, y compris le jeu de quilles. . .

. . . .

lesquelles chozes ont esté enchargéés par Jean Dribault à
trante livres, par François Aguillon à trante cinq livres
et douze boisseaux froment, et par Pierre Riviere, laboureur, demeurant a la Moynie et Hillaire Aubeneau,
laboureur, demeurant a la Roche, a quarante livres
douze boisseaux froment meseure de Thenezay et huit
meseures dhuisle, — auxquels, attendeu quil ne sest
presanté plus haut encherisseur, les dictes chozes ont
estée livrées et adjugées du consentement de tous les
dicts habitans...

XIX

2 mars 1692.

(Minutes René Chénier.)

A lassembléé genneralle..... a lisseue de vespres, teneue ce jourdhuy dimanche le deuxieme jour de mars 1692..... sur la remontrance faicte aux habitants par Jacques Lesvin, procureur sindicq, que le nommé Jullien Vallanson, laboureur, demeurant dans une des metairies de Madame de Fontevrault a la seigneurie de Vallette, a faict signifier une requeste pour voir regler son taux de la taille a la somme de cinquante livres, qui est a la somme de soixante dix sept livres.

L'assemblée répond que « tout le monde est surtaxé, la parroisse estant ruinéé ».

XX

15 décembre 1692.

(Minutes René Chénier.)

... Sur la remontrance faite par Louis Huguet et Hilaire Aubeneau, collecteurs des tailles de la paroisse pour l'année suivante, « que Jacques Reau, laboureur de la seigneurie de Vallette leur a fait signifier des sentances de messieurs de lelection de Poictiers, par lesquelles son taux est reduit a la somme de cinquante livres, au lieu de celle de quatre vingt livres quil est taxé, et en outre quil leur a faict signifier une requeste de monseigneur lintendant, au bas de laquelle est une ordonnance portant quil sera impozé et regallé sur la parroisse la somme de trante livres, pour icelle estre payéé au dict Reau avecque quittance des habitans ».

(Impossible de lire les conclusions de l'assemblée, la feuille étant en trop mauvais état.)

XXI

4 octobre 1693.

(*Minutes René Chénier.*)

Sur la remontrance faite aux habitants par René Pissard, prêtre, curé de la paroisse, « que monsieur maistre François Cottereau, conseiller du roy et juge magistrat au presidial de Poictiers, souettait de lui avoir propozé de mettre un banc dans leglize du dict Thenezay, autour du pillier devant lhostel de Nostre Dame, moyennant quoy il payerait une rante a la fabrique et à leglize de la somme de trois livres chescun an ».

L'assemblée accepte la proposition.

XXII

14 mars 1694.

(*Minutes René Chénier.*)

Sur la remontrance faite par Martin Jaullain, procureur syndic, que le nommé Paul Moreau demande a être rayé et biffé des rôles de la paroisse de Thénezay, parce qu'il est taxé dans celle de Lhoumois.

L'assemblée s'y refuse : « C'est, dit-elle, une finte pour sempescher de payer en celle de Thenezay ou il a toujours demeuré et faict valloir son bien ». Et elle donne

tout pouvoir au syndic pour soutenir la cause devant la
juridiction compétente.

XXIII

20 juillet 1698.

(Minutes René Chénier.)

... Sur la remontrance faicte par Jacques Jaullain, procureur sindicq, que le nommé André Pain, laboureur,
demeurant au village de Puizant, a faict assigner les habitans de la parroisse et ensemble les habitans de la parroisse
de Cherves, pour voir dire qu'il seroit rayé et biffé de
dessus les roolles de lune ou de lautre des dictes paroisses pour la taille de lannéé presante, et quil les a faict
assigner par devant messieurs les officiers et esleus de
Richelieu [1].

L'assemblée répond « que mal a propos il les a faict
apeller, daultant quil y a quatre ans quil demeure dans
la parroisse et faict valloir une metairye, ainsy quil ne
peut sempescher dy estre taxé sur les roolles de la taille
comme il la esté les autres annéés ».

XXIV

2 mars 1699.

(Minutes René Chénier.)

. . Sur la remontrance faicte par Louis Allain, procureur sindicq,... pour les comptes des collecteurs de 1695,

1. Cherves était de l'élection de Richelieu, qui dépendait de la généralité de Tours, bien qu'appartenant à la province du Poitou.

qui, en exécution de l'acte d'assemblée du 5 janvier 1698, doivent payer la somme de 107 livres au sieur Laumonier, sculpteur, pour un tabernacle...

L'assemblée est d'avis « que les collecteurs de lannéé 1694 [1] fassent payement de dellivrance de la dicte somme de 107 livres au dict sieur Laumonier, et quils retirent de luy quittance, et est consante quils en soient bien vallablement quitte et deschargé, et au moyen de quoy quils se fasse iceux collecteurs payer de ce quy leur reste a payer pour leurs roolles conformement a icelluy ».

Et a faulte par iceux dicts collecteurs de faire ce dit payement, les dicts habitans luy (*au syndic*) ont donné pouvoir de les poursuivre jusques a payement, et au moyen de quoy les dicts Louis Fergeau, Joseph Rousseau, Jacques Guillon, Jean Renault texeur (?) et laboureur... ont promis et se sont obligé de bailler et payer la dicte somme de 107 livres au dict sieur Laumonier et den rapporter de luy quittance devant les jours de la Pentecôte prochainement venant...

XXV

10 mars 1699.

(Minutes René Chénier.)

... Sur la remontrance faicte par messire René Pissard, prestre, curé de la paroisse.

Pour la nomination de Jacques Vallanson au viquariat de Thenezay en remplacement de messire René Amyet, nommé curé de Cramard.

Pièce identique à celle du 25 novembre 1685.

---

1. On lit plus haut 1695 : il y a manifestement une faute d'un côté ou de l'autre.

XXVI

29 juin 1700.

(Minutes René Chénier.)

... Sur la remontrance faicte par Louis Chaigneau,
procureur sindicq, quil seroit a propos dexaminer les
contes des fabriqueurs quy ont esté cy devant dechargés,
pour voir sils ny avoient point de relliquat, pour faire
raccommoder lesglize, quy en a grand bezoin, et faire rellever une breche vis a vis le clocher, quy pourroit rui-
ner le dict clocher ;

Et a linstant ont compareus les nommez Pierre Riviere,
quy a esté fabriqueur a conter du premier de may de
lannéé mil six cent quatre vingt quinze, et Louis Huguet,
quy a esté fabriqueur depuis le premier may 1695 jusques a ce dernier decembre de lan mil six cent quatre
vingt dix huit, quy est quelle annéé lesquels ont dict quils
estoient prez de rendre leurs contes...

L'assemblée est d'avis « que les dicts fabriqueurs rendent presentement leurs contes ».

Et a linstant le dict Pierre Riviere a presenté son conte
pour les deux annéés, dont la recette, apres avoir esté
examinéé et calculéé, sest treuvéé monter et revenir
a la somme de deux cent quatorze livres treize solds,
tant pour les reveneus des terres de la fabrique que
autres genneralles quelconques ;

Et la mize, tant pour avoir faict parrer leglize que
pour les arrangemens de la sacristye, trente deux livres
pour deux annéés, — des registres fournis a dix huit
livres par année, — et payer pour le pain et autres
menues depenses, — se sont treuvés revenir a la somme

de deux cent quinze livres un sold [1], — par tant cest
treuvé rester la somme de dix huit solds, quil a payé
au dict Huguet, par tant demeure quitte de la gestion et
administration de la fabrique ;

Et a legard du sieur Huguet, a aussi presenté son
conte, quy a esté examiné et calculé par les dicts habitans, dont la recette sest treuvé monter et revenir, pour
les dictes quatre annéés de la ferme a raison de cinquante livres, a deux cent livres, — pour un septier de
froment, dans les quatre annéés a raison de quatre septiers, vendus suivan les evaluations a la somme de quarante six livres, — et douze livres pour quatre années de
bancs à monsieur Cottereau, revenant en tout a la somme
deux cent cinquante huit livres ;

Et la mize quil a faicte pendant les dictes quatre
annéés sept mois, pour les fournitures deglize quatre vingt
deux livres, — pour le payement des registres soixante
et quatre livres, — et plusieurs autres fournitures faictes
par monsieur le curé, — cest treuvé revenir a la somme
de deux cent soixante et une livres. Partant a plus que
payé de la somme de trois livres, sur laquelle il a reçu
la somme de dix huit solds, partant luy reste la somme
de quarante deux solds, quy luy sera incessamment payée
par le fabriqueur a presan en charge, — au moyen de
quoy le dict Huguet et le dict sieur curé demeureront
aussy quitte de la gestion et administration quils ont faicte
de la fabrique pendant les dictes quatre années...

Faict et arresté les dicts contes...

Pissard, curé, Jean Bridier, J. Elline, J. Aubeneau,
C. Senechault, L. Fergeault, L. Chaigneau, A. Ber-
thonneau, Allexis Senechault, L. Pain, A. Laleu, S.
Arnault, Gille Laleu, Marin Senechault, J. Garnier,

---

1. Il y a ici une faute : c'est peut-être 213 livres 15 sols, à moins
que la faute ne soit au chiffre des recettes.

Caillot, L. Huguet, Riviere, Michel Boullin, Mathurin
Baudrois, Bataille, Chenier, not. roy.

XXVII

2 janvier 1701.

(Minutes René Chénier.)

... Sur la remontrance faicte par Jean Ouvrard, procureur syndicq, que messire René Chenier, notaire royal,
cy devant fabriqueur de la dicte eglize, est a bout, et que
les deux annéés finissent par le dernier decembre dernier, et quil est a propos dy en nommer un autre et
aussy de faire vendre douze boisseaux froment quy depan-
dent de la dicte fabrique.

Le procès-verbal est resté inachevé, et la place où devait être
inscrit le nom du nouveau fabriqueur est en blanc, comme
celle où devaient être marqués les noms des habitants qui assis-
taient à l'assemblée.

XXVIII

15 juillet 1703.

(Minutes René Chénier.)

... Sur la remontrance faicte par messire René Pissard,
prestre, curé de Thenezay, quil a receu une ordonnance
de monseigneur lillustrissime et revendissime evesque
de Poitiers, quy enjoinc aux habitans de la dicte parroisse
de faire refaire les murs dautour du cimetiere de la dicte
parroisse, et de faire refondre la cloche quy est casséé,
attendeu quil est impossible de sen pouvoir passer et

quil se presente le nommé Nicollas Aubry [1] fondeur, et quil est a propos de voir avecq luy et de faire marché, sy lon le juge a propos.

L'assemblée est d'avis « qu'il est a propos de faire refondre la dicte cloche et en faire marché avecq le dict Aubry, puisquil est sur les lieux ».

Et le dict Aubry presan a dict quil convient avoir pour y parvenir cent ou six vingt livres de metal, trois chartéé de gros bois, deux pipes de charbon, deux livres de cire, huit livres destain, dix livres de chanvre, une chartéé de briques, six chartée de terre, six chartée de pierre et une grosse depansse pour dessendre et monter la dicte cloche, attendeu quelle ne pouvoit passer par louie [2] de la vouste ;

Et lesquels habitans avecq le dict sieur curé ont convenu avecq le dict sieur Aubry, pour fondre la dicte cloche et icelle randre faicte et parfaicte sans aucun deffault, a la somme de cinquante cinq livres, quy luy sera payé par les dicts habitans incontinen que la dicte cloche sera faicte de la mesme grosseur de celle fellée, moyennant quoy le dict Aubry a promis et sest obligé de faire tout les moulles et fourneaux quil conviendra, de randre la dicte cloche faicte et parfaicte sans aucune fellure ni fissure, et en quas quil sy treuve quelques chozes de manque, promet et soblige dicelle refaire a ses propres couts et depanses, a paine de tous depans et dommages interest ;

Au moyen de quoy les dicts habitans ont promis et se

----

1. Chef d'une famille de fondeurs de cloches, il était originaire de Le-vécourt, en Lorraine, et vint s'établir en Poitou, avec ses deux frères, Pierre et Louis, vers la fin du XVIIᵉ siècle. Il fixa sa résidence aux Aubiers. Le nom des Aubry apparaît sur un grand nombre d'inscriptions campa-naires, notamment du Poitou, depuis 1696 jusqu'à la Révolution. (Cf. Berthelé, *Recherches pour servir à l'histoire des arts en Poitou*, 2ᵉ p., ch. xv, p. 357-400.)

2. Pour huis, terme vieilli qui signifie porte, employé encore dans la langue juridique, par exemple : à huis clos.

sont obligés de luy payer la somme de cinquante cinq livres et de luy fournir le metal et autres matieres quil y conviendra, en lesquelles sommes quil conviendra pour parvenir a faire refaire la dicte cloche ;

Tous les habitans ont consanty quelles soit amasséé sur tous les habitans de la dicte parroisse, savoir : le quart par les habitans du village de Doux, et les trois autres quarts sur le restan de la parroisse, a lamiable sy faire ce peut, sinon quil soit dellivré une ordonnance portant contrainte par monseigneur lintendan de cette genneralité de Poitou, attendeu la necessité quil y a davoir deux cloches dans une sy grande parroisse ;

Quy est tout ce quy a esté delliberé...

Marot (?) curé de Thenezay, Richemont, Charle Lebault, Fournier, Nicolas Aubry, J. Gorin, R. Aubeneau, A. Boulin, Michel Boullin, M. Faucher, M. Martin, J. Elline, L. Savarit, Gille Laleu, R. Aubert, Chaigneau, Chenier, n. r.

XXIX

7 octobre 1703.

(Minutes André Chénier.)

A lassembléé generalle des manans et habitans de la parroisse de Thenezay, faicte et convocquéé au son de la cloche, a la manière accoustuméé, cejourdhui dimanche, le septieme octobre mil sept cens trois, au devant de la grande porte et principale antrée de lesglize paroissiale du dict lieu, a lissue de la grande messe, par devant nous, notaires royaux du baillage et siege royal de Parthenay [1] soussignez ;

---

1. Le siège royal de Parthenay datait seulement de 1698. La baronnie de Parthenny, qui appartenait depuis 1641 à la famille de la Meille-

A laquelle assembléé se sont compareus en leurs personnes les nommés Hilaire Sauvageau lesné, Jacques et Louis Aubeneau, Urbain Laleu, Jacques Blancheteau lesné, Joseph Rousseau, Jean Mestreau, Michel Esline, Jean Maunoury, François Gauthier, Hilaire Jaulain, Mathurin Littier, Pierre Guillon, Louis Sauvageau, Léon Maunoury, et plusieurs autres habitans, faisant et representant la plus grande et saine partie des dicts habitans de la dicte paroisse, et faisant tant pour eux que pour les absens dicelle ;

Lesquels, apres avoir entendeu la publication des ordonnances de Monseigneur lillustrissime et reverendissime evesque de Poictiers [1] tandante, a la closture et restablissement des murs du simetiere de la dicte paroisse dans le vingt troizieme du presant mois, passé lequel temps il demeurerait interdicq, et que mesme, veu que les dict murs ont estés renversés par des particuliers qui ont leur demeure devant le dict simetiere, ou marchands pour la facillité de leur commerce, que sur cela il y est enjoint de diminuer le dict simetiere par les deux bouts de chescun cinquante pieds de long et denviron deux cents pas de large :

Lesquels dicts habitans ont tous deux commung advis dict et desclaré que cest entierement gaster le marché du dict Thenezay et empescher cinquante maisonnée de subsister, et que la remonstrance qui a esté faite a Monseigneur levesque de Poictiers pour le retranchement du dict simetiere na esté faicte que a la solicitation des dicts particuliers au nombre dune cinquantaine, qui ont desmoly les dicts murs pour empescher

---

raye, avait été réunie en 1694 aux domaines de la couronne. Un procès s'ensuivit. En 1710, la baronnie fut rendue au duc de la Meilleraye, et le baillage ducal fut rétabli le 2 juin 1711 à la place du siège royal. (Cf. Ledain, *la Gâtine*, p. 337.)

1. Jérôme-Louis de Foudras de Courcenay.

de les remettre comme ils estoient, pour attirer le commerce du marché devant leur porte, et que pour le restablissement des murs du simetiere il ne fault pas grande despance, — au reste, sy le simetiere de la dicte parroisse estoit diminué de la maniere qui a esté propozé, il seroit impossible que toutes les sepultures dune sy grande parroisse puisse tenir en sy peu de lieu, — outre que dans les deux endrois propozé pour retrancher cest la ou estoient la plupart des sepultures ;

Par toutes ces considerations et au respect des ordres de Monseigneur, les dicts habitans ont donc dun commung avis dit quils soppozent au retranchement, et pour faire voir quils sont prêts à obéir aux ordres de Monseigneur, ont promis de faire travailler incessamment au restablissement des murs, afin deviter lexcommunication [1] ordonnéé, neanmoing avec charge de se pourvoir contre les dicts particuliers qui ont desmolly les dicts enciens murs du dict simetiere ;

Quy est tout ce qui a esté délliberé a la dicte assambléé, voulu, consanty, stipullé et accepté estre faict, les dicts habitans ont donné leur foy, obligé et hipotequé tous et chescuns leurs biens presants et futurs ;

Faict et passé au devant de la dicte porte desglize, les jours et en susdicts, et ont tous les dicts denommés desclaré ne savoir signer, fors les soussignés, de ce enquis.

Rivière, J. Aubeneau, L. Aubeneau, Gauthier, J. Rousseau, Jean Bridier, F. Ouvrard, M. Ayrault, C. Guesnard, J. Billard, F. Pineau, Hillaire Sauvageau, Pierre Chenier, Dupeux, Caillot, Hardien, not. roy., Chenier, not. royal.

Et au mesme instant, en cet endroict, a comparcu, maitre René Chenier, notaire royal et syndicq perpetuel de la dicte paroisse, lequel en son nom a dict quil nest

---

1. Ces trois mots ont été rayés, je ne sais pourquoi.

point question des pretandeus moyens inserés au presant
acte, ne sagissant que de lexecution de lordonnance de
Monseigneur levesque de Poictiers et de faire elever le
dict simetiere incessamment. Et sy les dicts establys aux
dicts actes avoient des moyens suffisans, ils ont dheu les
déduire a la premiere messé (?) quil a faict faire. En
consequance a dict et faict advertir le sieur curé que faut
quil proteste de nullité du retardement de la dicte closture et de les en randre responsable en leur personne...
Chenier, Hardien, Chenier.
Controollé à Thénezay le onze octobre 1703, Chenier.

XXX

17 février 1704.

(Minutes André Chénier.)

Il va être ici question de la milice bourgeoise. Ne la con-
fondons pas avec la milice provinciale dont il a été parlé
dans les pièces XIII et XIV. La seconde formait un véritable
corps de troupes auxiliaires destinées à faire campagne. La
première n'était guère qu'une garde nationale. On croirait, à
lire le texte de Thénezay, que les pauvres diables désignés
pour l'honneur d'être cavaliers à la milice bourgeoise s'équi-
paient à leurs frais ; les procès-verbaux de la Mothe disent
le contraire. En tout cas, c'était un honneur peu recherché.

A lassemblée genneralle... de par la remontrance faicte
aux habitans par maître René Chenier, nottaire royal et
sindicq perpétuel de la dicte parroisse, que Monsieur de
la Chutelliere, coronnel [1] du regimen de la millice bour-

---

1. *Coronnel, coronal, couronnal* est un provincialisme qu'on rencontre fréquemment chez les écrivains d'avant le XVII⁰ siècle, notamment
chez Amyot, La Boétie, Pasquier. Inversement la province a fait de *corri-
dor colidor*.

geoÿse du regiment de Parthenay, avoit des ordres pour nommer deux cavalliers pour la dicte parroisse, et quil est apropos den nommer un, et les habitans du village de Doux lautre ;

A la quelle assemblée sont venue et comparreu...

Lesquels, apres avoir murement avizé et conferré ensemble, ont tous dun commung consantement nommé la personne de René Seneschault, lequel ils ont choisy et treuvé le plus capable destre cavàllier, et lequel sera tenneu et obligé de se tenir pres a marcher aux premiere ordre quy lui seroit donné de se monter et esquiper suivant et au désir des ordonnances de sà majesté, a paine dy estre contraint par garnizon et emprisonnement et autres paines et de tous dépens domages interest...

XXXI

9 septembre 1709.

(Minutes André Chénier.)

... Sur la remontrance de messire René Chénier, sindic perpétuel de la paroisse, pour nommer un collecteur des tailles pour 1710, Jean Ouvrard, élu précédemment, s'étant fait décharger par « messieurs les esleus de Poictiers ».

L'assemblée nomme François Aguillon, de Buzay.

XXXII

5 mars 1713.

(Minutes André Chénier.)

Convoquée pour examiner la requête des sieurs René Chénier, sindicq perpetuel de la paroisse, René Aubert,

Noël Seneschault, Gille Laleu et François Moreau, tous fermiers depuis longtemps de la petite dixme de Thenezay, qui se plaignent que les collecteurs aient taxé à 40 livres la dicte dixme et demandent à être déchargés de cette somme, pour ce motif que la dicte dixme n'a jamais été comprise au role des collecteurs.

L'assemblée, ayant entendu la remontrance, refuse de répondre aux dires et raisons des plaignants et se disperse même sans vouloir signer.

XXXIII

12 mars 1713.

(Minutes René Chénier.)

... Sur la remontrance faicte par messire René Pissard, prestre, curé du dict lieu, quil y a deux ans que messire J. Bataille est escrivain et fabriqueur de leglize, et quil est a propos den mettre un autre pour fabriqueur de la dicte paroisse, pendant deux ans, qui ont commencé dès le premier janvier dernier, pour faire rendre conte aux autres fabriqueurs quy ont cy devant passé en la dicte charge, et employer les deniers aux reparations de la dicte eglize et faire racommoder le clocher quy menasse ruine.

L'assemblée nomme pour fabriqueur Laurent Rivière de Doux et le charge des réparations à faire à l'église et au clocher.

XXXIV

5 décembre 1717.

(Minutes André Chénier.)

A lassambléé generalle des procureur sindicq manans
et habitans de la paroisse de Thenezay, faicte et convocquéé au son de la cloche, a la maniere accoutuméé,
teneue cejourdhuy dimanche, cinquieme decembre mil
sept cens dix-sept, estant a la porte de lesglizze paroissialle du dict lieu, a lissue de la messe paroissialle, a la
plus grande affluance du peuple, au son de la cloche, a
la maniere accoutuméé, par devant nous notaires royaux
en la seneschausséé de Poictou soubsignez residant à
Thenezay et Oyron, a la dilligence de Jean Esline, René
Reigui, Jean Guionneau, Pierre Massé, Pierre Goubault,
André Girault et Pierre Royer vicquaire, consors et collecteurs des taille et autres impositions de la dicte paroisse
pour l'annéé prochaine, mil sept cens dix huict ;

A lacquelle assemblé ont compareus en leurs personnes les dicts collecteurs sy desus, et encore les personnes
de Urbain Laleu, André, Gille Laleu, René Aubert,
Morin, Dupeux, Pierre Brault, Estienne Dudoit Jacque Lesvin, Michel Lesvin, Charle Faugon, Pierre Mi-
not, Jean Lanouhe, François Guillot, Jean Laurentin, et
plusieurs autres, tous habitans de la paroisse et faisant
et represantant la plus grande et saine partie des dicts
habitans ;

Ausquels les dicts collecteurs ont remontré avoir receu une segonde requeste et ordre a la requeste de Jacque Reau et Jullien Vallanson, laboureurs, demeurants
a Vallette, sur la paroisse de Thenezay, par laquelle
requeste ils ont remontré que la ferme quils tienne de

Madame Fontevrault est de 400 livres, et que a proportion ils ne doivent payer que chescun trante livres ; cependant les envieux et jaloux quils disent avoir ont cauzé quils en payent chascun 110 et que, en lannée 1692, par santance randeue par messieurs de leslection, les dicts Reau et Vallanson furent resduit a cinquante livres chascun, et, sur ce pretexte, ont, sur les mesme exposés, estés resduits par ladicte ordonnance a cinquante livres chescun, sauf laugmentation, sy aucune est dans la dicte paroisse, — ce qui est confirmé au bas de la dicte requeste par ordonnance portant : soit faict en cas dopposition, jour a Poictiers le 26 novembre 1717 ; signé Texier, et signifiéé aux collecteurs le 15 novembre dessus par Rondier huissier ;

Comme cette moderation est forte, quoy que fondée sur le temps et sur les taille de lannée 1692 quy estoient beaucoup moindre que a presant ; outre quil y a des augmentations considerable dans la dicte paroisse, les dits collecteurs nont point vouleu de leur chef taxer ny impozer les dicts Reau et Vallanson aux sommes auxquelles ils paraissent reiglés, sans au preallable en avoir pris lavis des dicts habitans, — sur quoy ils ont esté requis par les dicts collecteurs dy murement en conferer ensemble et donner tels pouvoirs aux dicts collecteurs quils avizeront, les dits collecteurs desclarant aux dicts habitans que, a faulte de ce, quils seront contraint de taxer les dicts Reau et Vallanson conformement a la dicte ordonnance, — ou sy mieux les dits habitans naiment de les taxer a leur taux ordinaire et, en ce quas, leur donner pouvoir, et, en quas de procès, que les hatans ayent a les en decharger et prendre le faict et cauze;

Et apres que tous les dicts habitans en ont conferé ensamble, ont tous dun commung avis dit que les dicts Reau et Vallanson propose une grosse diminution, et, lors quils estaient reiglés a cinquante livres, les tailles

nestoient pas si considerables quelles sont a present, et
quils nont eus aucune cognoissance de la pretandue santance de l'année 1692, — et mesme il y a des augman-
tations considerables dans la paroisse, et il y a plusieurs
mestoirye abandonnée et quy sont faicte par des domes-
tiques de gentilshommes, et que les dicts habitans ont
dict navoir aucune cognoissance de la segonde requeste
et ordonnance signifiéé aux dicts collecteurs par Rondier
huissier en date du 15 novembre dernier, et cette diminution seroit une diminution de cent vingt livres quy
accableroit la paroisse, — et les dicts habitans ont dict
que les dicts collecteurs eussent a taxer les dicts Reau et
Vallanson en leur asme et conscience comme les autres
habitans ;

Quy est tout ce quy a esté deliberé…

XXXV

20 mars 1718.

(Minutes André Chénier.)

… Sur la remontrance faicte aux dicts habitans par
François Pineau, l'un des dicts habitans, lequel a dit
que, le 13 du presant mois et an, comme un des plus
anciens habitans, et veu la suppressions des sindicqs[1], il
luy a esté signifiyé une requeste et ordonnance a la requeste des Jacque Reau et Jullien Vallanson, laboureurs,
demeurans au village de Vallette, paroisse du dict Thenezay, aux fins dappeller les habitans pour voir dire quils
seraient reiglés chescun a cinquante livres de taille, et
cela, dizent-ils, soubs pretexte quils dizent lavoir esté

1. Un édit de 1717 avait supprimé la charge de syndic perpétuel.

autre fois, — ce qui faict que les dicts habitans ayent a delliberer ce quils jugeront a propos ;

Et apres que les dicts habitans ont eus tous murement avizé ensemble, ils ont tous dun commung avis dit que les dicts Reau et Vallanson ne peuvent pretandre aucune reduction de taux, veu que, lannée derniere et les precedantes, ils estoient taxés chescun cent dix livres, et que ce seroit plus de moictyé de diminution. Les habitans ont donné pouvoir aux collecteurs de lannée presante de taxer les dicts Reau et Vallanson en leurs aame et consiance, lun des dicts collecteur est gendre du dict Reau ;

Ladicte paroisse est accablé et ruinéé, quy consiste la maieure partye en bois et mauvaize terre ingratte, et les plus grosse ferme et mestairye ne paye aucune chose, estant faict valloir par des seigneurs et gentilshommes et prestre, ce quy ce voit entrautre par les seigneurie et mestairye de la Forest et du Peux et la cure, quy sont des ferme de cinq cens et trois cens livres, quy estoient taxéé sy devant a de gros taux et a presant ne payent rien. Et les dicts Reau et Vallanson font voir des suitte continuelle de leur chicanne, et quy, joint a la mizère du temps, cherche la ruine totalle des habitans, en leur sussitant des proces aussy injuste. Et pour faire voirs quils sont mal fondés dans leurs demandes, ils ont les meilleures fermes et les meilleurs exploits de toute la paroisse, et les deux mestairye quils font autre fois en composoient trois, quy sont a presant reduittes en deux, mais sy grande que quatre arreau ne peuvent suffire pour faire tout le labourage ; autre fois les dites metairye estoient taxéé plus de trois cens livres de taille et a presant ne sont

(Ici plusieurs lignes déchirées.)

cinquante mille livres... dont on offre faire voir quils... que y a beaucoup dautre laboureurs quy sont beaucoup

plus chargés que les dits Reau et Vallanson, quy nont
pas tant dexploit en sy grande quantité ; cela ce voit
entrautre par le taux de Lorant Riviere la Jarrye et plusieurs autres ;

Ce quy faict que les habitans, aux fins de la poursuitte du procès, ont eslu et constitué pour leur procureur general et special maistre Honoré de Montheau, procureur aux presidial de Poictiers, auquel ils ont donné
plain pouvoir puissance et mandement special de pour
eux faire toute les poursuitte convenable, et comparoistre
pour les dicts habitant, tant en jugement que hors, par
devant messieurs les esleus de leslection premiere et
principalle de Poictou à Poictiers, et demander que les
dicts habitans soient renvoyés des demandes des dicts
Reau et Vallanson comme d'une indue vexation, avecq
despans dhomages interets, et generallement faire par
le dict sieur procureur, pour les dicts habitans, tout ce
quil jugera a propos, promettant avoir le tout pour
agreable ferme et stable ;

Quy est tout ce quy a esté delliberé...

XXXVI

8 mai 1718.

(Minutes René Chénier.)

A lassembléé genneralle... a lissue de la grande messe
parroichialle dicte et cellebréé par messire Paul Royer
vicaire... sur la remontrance faicte par Honoré Poirault
laboureur, que cejourdhuy... luy a esté signiffiéé une
requeste de messieurs de lellection de Poitiers concernant Louis Pain laboureur, de la Moisnye, qui proteste
contre les collecteurs de Doux quy lont taxé à dix livres.

L'assemblée refuse de recevoir la protestation de Louis

Pain et déclare que les collecteurs de Doux sont seuls
responsables.

XXXVII

15 septembre 1720.

(Minutes André Chénier.)

A lassembléé generalle... par devant nous notaires
royaux de la seneschausséé de Poictou soubsignez, rési-
dant à Thenezay;

A laquelle assembléé se sont compareus en leur per-
sonne les nommés René Ridouard, Jean Guery, Noel
Seneschault, Jacques Moreau, Jean Roy, Louis Ro-
bouant, Jean Foucquet, Ollivier Gorin, Toussaint
Maunoury, Louis Rivron, François Girault, Pierre
Allain, François Aubert et plusieurs autres...

Auxquels Jean David, sindicq dicelle, a remontré avoir
receu la commission quy ordonne de nommer de bons
et suffisants collecteurs... et aussy de nommer un sindicq alternatif, le tout pour lannéé prochaine mil sept
cent vingt et un...

L'assemblée nomme pour collecteurs : Louis Esnault,
marchand, Jean Roy, journalier, Honoré Ouvrard, journalier, Charles Faugon, bourrelier, François Bridier,
journalier, René Thibault, journalier, Pierre Miot, tailleur, et Jacques Ayrault.

Elle choisit comme syndic Jacques David.

XXXVIII

12 mai 1721.

(Minutes René Chénier.)

... Sur la remontrance faicte parJean David, sindicq
electif, que François Pineau, laboureur, demeurant a
Pressigny, taxé a dix livres sur les roolles de Thenezay,
demande a en estre dechargé pour n'estre taxé qu'a
Pressigny.

L'assemblée écarte la demande.

XXXIX

14 septembre 1721.

(Minutes René Chénier.)

L'objet de cette délibération est le bureau de charité. Ces
bureaux avaient été établis pendant le xviie siècle, et
généralement, m'a-t-on dit, par les Jésuites, à la suite des
missions qu'ils prêchaient dans les paroisses. Je n'ai pas de
renseignements plus précis sur l'origine de celui de Thénezay.

Il avait, comme ressources ordinaires, ainsi qu'on va le
voir, une rente de huit septiers de seigle sur la grande dîme
de Thénezay. Cette rente était évaluée, année commune,
96 livres [1].

Deux femmes veuves en étaient les trésorières, à la nomination de l'assemblée. Une de leurs fonctions était de donner
ou de porter des remèdes aux pauvres.

---

1. V. Archives de la Vienne (C. 61) : Etat général de tous les établis-
sements, fondations, revenus et fonds de charité dans la généralité de
Poitiers. Cet état a été publié par les Antiquaires de l'Ouest (Vol. de
Documents inédits, p. 223).

Notons que, sous l'ancien régime, l'Eglise avait officiellement la charge du service de la charité, comme de celui de l'enseignement. C'était donc au titre religieux que l'assemblée générale en délibérait. Ici encore, le mouvement général de l'histoire au XIX⁰ siècle s'exprime par le mot de laïcisation. Du service national de la charité l'Eglise ne possède plus que des lambeaux, qu'on lui dispute âprement.

... Sur la remontrance faicte par Messire René Pissard, curé, quil y a longtemps quon a fait delection des affaires qui conserhent le bureau de charité du dit Thenezay, et quil est a propos dy pourvoir et de nommer des personnes dexigence et capables de le diriger et mettre ordre aux affaires quy le conserne, la maison du dit bureau estant en tres mauvais etat, et a grand besoin dy faire des reparations et particullierement aux recouvertures qui menassent ruines, les portes abandonnées sans fermeture, et pour payer les arrerages qui sont dhus par la dite maison, et aussy pour faire rejoindre le grenier pour y mettre les grains qui sont dhus au dit bureau, et aussy pour y en recevoir et en donner decharge valable ;

A laquelle assemblée se sont compareus... et les habitans ont dit quil est vray que la maison du dit bureau de charité est en tres mauvais etat, et quil est tres a propos dicelle faire vider et icelle faire racommoder et rejoindre les greniers, et pour y parvenir ont choisy et nommé pour trésorier du dit bureau la personne de Marguerite Blancheteau, veuve du sieur Mallet et Mathurine Laleu, veuve du sieur Senechault, et pour procureur au dit bureau ont nommé et choisy la personne de Jean Bataille, maistre ecrivain, et aussy ont donné pou-

voir, puissance, autorité et mandement spécial au dit
sieur Pissard, curé du dit Thenezay et messire René
Rondier et Michel Levain, marchand, demeurant
au dit Thenezay, de se faire payer de ce qui peut
estre dhus au dit bureau de Charité, et entre autre choze
de Madame de la Boissiere, dame Saint Loup et de la
grande dixme de Thenezay, de la rente de huit septiers
de seigle, aumosne quelle doit a cause de la dite grande
dixme du dit Thenezay, luy faire payer les arrerages, y
ceux recevoir et en donner toute quittance valables, et
en cas de refus la poursuivre jusques au payement des
dits arrerages, luy faire fournir un titre portant recon-
naissance de la dite aumosne, y celle distribuer aux
pauvres de la dite paroisse les plus necessiteux, faire
faire les réparations les plus necessaires a la maison du
dit bureau de charité ;

Qui est tout ce qui a esté deliberé...

XL

17 mai 1723.

(Minutes René Chénier.)

... Sur la remontrance faicte par François Senechault,
cordonnier et syndicq de la dite paroisse, que François
Reau, laboureur, signifie une requeste emannéé de lelection de Thouars, avec assignation par devant messieurs
les presidents et esleus du dit Thouars pour voir dire
quil sera rayé et biffé de dessus les rooles de la parroisse d'Assay ou de celle de Thenezay.

L'assemblée est d'avis que mal a propos le dit Reau
les a fait apeller par devant messieurs de lelection de
Thouars, pour deux raisons : une quil assorty de lelec-

tion de Poictiers, lautre quil a enblavé les mesmes terres et quil enblavoit les autres années en la parroisse de Thenezay... aussy les collecteurs non pas peu sempescher de le taxer.

XLI

26 février 1727.

(Minutes Paul Chénier.)

A lassemblée generalle... a lissue de la messe paroissialle dite et cellebréé par messire René Pissard, prestre curé du dit lieu, a la dilligance de François Renault sindicq de la dite parroisse, et sur la demande qu'il a faite aux dits habitans sils ont connaissance que André Gaucher, garson meunier, demeuroit dans la dite parroisse de Thenezay au temps que lordonnance de la Melleré est venue et a esté publiéé, au mois de mays dernier ;

A laquelle assembléé se sont comparus en leur personne les nommés Jacques Lesvin, ci devant sindicq, etc...

Lesquels ont tous unanimement dit et declaré et certifié a monseigneur l'intendant de la generallité de Poitiers et messieurs les commissaires que le dit André Gauché demeuroit, couchoit et levoit dans la dite parroisse de Thénezay laurs et au temps premier et apres la dite ordonnance déclaréé et publiéé...

XLII

16 novembre 1727.

(Minutes André Chénier.)

... Sur la remontrance de Jean Blancheteau, syndic électif de la paroisse, pour examiner la réclamation de Mathurin Roux, laboureur fermier à la Moinye, qui trouve sa taxe d'impôt exagérée.

L'assemblée juge « d'un commung avis » que « la taxe est bien faicte ».

XLIII

5 décembre 1727.

(Minutes Paul Chénier.)

... Sur la remontrance faicte par messire René Pissard, prestre curé du dict lieu de Thenezay, que depuis le mois de janvier dernier il ny a point de fabriqueur et quil est a propos den mestre un, pour regir la dicte fabrique et faire rendre compte aux autres fabriqueurs qui ont esté cy devant en charge...

L'assemblée nomme François Boullin, boulanger, demeurant au bourg de Thenezay.

Et rendent successivement leurs comptes de fabriqueurs : René Rondier, huissier royal, fabriqueur de 1717 à 1720, et Charles Faugon, maréchal, demeurant à Thenezay, fabriqueur de 1720 à 1725.

A noter la somme de 29 livres 8 sols, que « le sieur curé a employée pour faire racommoder la maison du bureau de charité ».

XLIV

11 mars 1731.

(Minutes Paul Chénier.)

... Sur la remontrance faite par Clement Amyet, saindicq electif, quil a esté presanté une requeste a messieurs de lelection premiere et principale de Poitou à Poitiers par Vincent Moreau et Marie Martin, sa femme, auparavant veuve de Martin Jaullain, tendant la dite requeste a ce que les dit Moreau et Martin, sa femme, fussent dechargés dune somme de quatorze livres du principal de la taille et huit livres six sols...

L'assemblée répond que les collecteurs doivent soutenir la taxe à leurs risques et périls, et donne commission au syndic de défendre les intérêts de la paroisse.

XLV

15 mai 1735.

(Minutes Paul Chénier.)

... Sur la remontrance faicte par François Boullain, fabriqueur de la dite paroisse, que les terres dependant de la fabrique sont demeurées en friche et auroient deues estre affermée dès la Nostre Dame de mars, ce qui fesaient un prejudice notable a la dite esglize;

A laquelle assemblée sont compareus en leur personne les nommés Charles Faugon, marchand, René Aguillon, laboureur, Jacques Riviere, marechal, François Billard, aussy marechal, Jacques Garnier, laboureur, Jean Dudoil, charon, René Hesline, marchand, François

Ayrault, boullanger, René Guionneault, laboureur, Jacques Ayrault, journallier, et plusieurs autres...

Lesquels ont esté tous davis daffermer les dites terres pour en commancer la jouissance des la Nostre Dame de mars dernier, — et lesquelles dites terres ont esté mis a pris par Jean Bichon, a trente livres et un septier de froment, — par Jean Castin, à quarante cinq livres et le septier de froment, — par René Parré, a cinquante huit livres et le septier de froment, — par Jacques Ayrault a soixante cinq livres et le septier de froment, — et par René et Simon Guionneault, laboureurs, demeurant a la Boutesterie, parroisse de Thenezay, a soixante et six livres et le septier de froment a la mezure du dit Thenezay, a eux adjugé a la dite somme de soixante et six livres et le septier de froment, a la charge par eux dits adjudicataires de jouir des dites terres en bons peres de famille, labourer, fumer et ensemencer les dites terres pour six années entieres et consecutives, sans intervalle de temps, dont la premiere a commencé au jour et feste de la Nostre Dame de mars dernier pour finir a pareil jour...;

Et pourront les dits Guionneau, fermiers de la dite fabrique, amasser les terrées et fumiers qui est arrivant sur les simetieres de la dite parroisse et dans lencient simetiere au dessous de la nouvelle halle, ou sont les ormeau, a presan cham de foire, et meme faire payer ceux qui occupent les dits simetieres, qui y mestent des bois, et les marchands qui sy placent en tant de foires et marché, le tout sans pouvoir nuire ny prejudicier aux droits de vente qui apartient au seigneur du dit lieu...

Et par les mesmes presantes le dit Boullain a representé au dits sieur curé viquaires et habitans quil y a huit années quil est fabriqueur de la dite esglize et quil desirerait sortir de la ditte charge, lesquels ont nommé en son lieu et place la personne de Jean Ouvrard, marchand boiselier, demeurant au dict bourg de Thenezay;

... Convenu aussy que le dit Ouvrard fabriqueur payera au dit sieur curé par année, pour fournitures de cire de pain et le blanchissage de linge de la dite esglize, vingt huit livres a deduire sur le revenu de la dite fabrique, a commencer le premier payement a la saint Michel prochaine et en uzer ainsi a lavenir.

XLVI

11 décembre 1735.

(*Minutes Paul Chénier.*)

... Sur la remontrance faite par messire René Pissard, prestre, curé du dit lieu, quil y a plusieurs années que le cloché de la dite esglize a bezoin destre recouvert de bardeau, suivant luzage accoutumé, et thuilles plates, que les grands vants qui ont fait oret descouvert et mis en ruine, et mesme plié la barre du fert au bout de laquelle est planté le cocq de phonte, au bout de la flaiche du dit cloché, estant ainsy descouvert a donné aucazion aux mestraisses pieces de bois qui compoze le dit cloché de pourir du costé du grand vant, et sil ny est aporté remede incessament, il tombera par terre, ce qui aucazionne aussy les eaux de tomber sur les voustes de la dite esglize, et les penestre, et pourrait dans la suite les faire tomber, — et comme les reveneu de la fabrique de la dite esglize est de peu de valleur et nest pas mesme suffisant pour entretenir le dedant de la dite esglize, quil serait a propos de presanter requeste a monseigneur lintendant, pour avoir un roolle sur les personnes qui possedent les domaines de la dite parroisse, pour parvenir aux reparations du dit cloché [1] ;

1. Les procès-verbaux des visites faites en 1733 et en 1735 par l'archiprêtre de Parthenay signalent également que l'église menace ruine. (Cf. Drochon, *l'ancien Archiprêtré de Parthenay*, p. 109.)

A laquelle assemblée sont compareus... lesquels ont esté tous unanimement davis que le dit sieur curé de Thenezay presante requeste incessament a mon dit seigneur lintendant, pour quil luy plaise ordonner un rolle sur les proprietaires des domaines de la dite parroisse de Thenezay, afain davoir une somme dargent suffizante pour faire raccommoder et couvrir le dit cloché, sans quoy il pourait tomber et faire fondre les voustes sur lesquelles il est construit du millieu de la dite esglize;

Qui est tout ce qui a esté deliberé...

XLVII

8 janvier 1736.

(Minutes Paul Chénier.)

A lassemblée generalle... sur la remontrance faicte par René Esline, saindicq ellectif, quil y a trois ans quil a la dite charge et quil desireroit sen decharger et en nommer un autre en son lieu et place.

L'assemblée nomme Jacques Martain, laboureur, demeurant au village de la Moinie.

XLVIII

23 décembre 1736.

(Minutes Paul Chénier.)

... Sur la remontrance faicte par Jean Ouvrard, fabriqueur, pour recevoir les comptes de François Boullin, antérieurement fabriqueur.

L'assemblée reçoit ses comptes et le déclare quitte et déchargé de la gestion et administration quil a faite.

Reste le banc du sieur Cothereau qui n'a pas encore été payé.

XLIX

4 mai 1738.

(Minutes Paul Chénier.)

...Sur la remontrance faicte par Jean Ouvrard, fabriqueur, que René et Simon Guionneau, qui avaient pris a ferme les terres de la fabrique pour six années, ne peuvent pas payer et qu'il serait a propos « de leur reziller la dite, ferme » et la donner à d'autres.

Adjugé à René Rondier pour cinquante livres et un septier de froment, aux mêmes conditions que les précédents fermiers.

L

29 juin 1738.

(Minutes Paul Chénier)

... Sur la remontrance faicte par Jean Ouvrard, fabriqueur, que les fermiers de la fabrique, René et Simon Guionneau, ont sousaffermé la moitié de la dite ferme à Jean Blancheteau, que de la moitié dicelle ils sont redevables de deux années « escheues à la Nostre Dame de mars dernier », qu'il leur a été fait commandement de payer par Gendre, sergent, à quoi ils n'ont point satisfait, que les dits Guionneau se trouvant hors d'état de payer proposent au dit fabriqueur « de prendre les bleds par la racine et les terres de la ditte fabrique pour demeurer quitte des dits payements ».

L'assemblée accepte et « donne plein pouvoir au dit fabriqueur de prendre et semparer des dits bleds pour y ceux faire coupper, amasser et serrer les dits bleds, tant fromant que baillarge et autres espèces, prendre par les racines, du consentement des dits Guionneau ».

LI

14 juin 1739.

(Minutes Paul Chénier.)

... Sur la remontrance faicte par messire René Pissard, prestre, curé du dit lieu, quil y a quatre années que le nommé Jean Ouvrard a esté nommé fabriqueur de la dite esglize, et quil ne devoit rester en la dite charge que trois années, et quil seroit à propos den nommer un autre en son lieu et place pour exercer la dite charge et faire rendre conte au dit Ouvrard.

L'assemblée nomme René Sénéchault, marchand, demeurant au bourg de Thénezay, et lui enjoint de payer au sieur curé, pour fournitures de cire pain et blanchissage du linge de l'église, la somme de vingt-huit livres par année.

LII

12 juin 1740.

(Minutes Paul Chénier.)

A lassemblée generalle du sieur curé, manans et habitans de la parroisse de Thenezay..., a lissue de la messe parroichialle, dite et cellebrée par messire René Pissard, encient curé du dit lieu..., sur la remontrance faite aux habitans par messire Xavier Riveron, a presant curé de la dite parroisse, que les deceds de Barthellemy et Nicolas Senechault [1], cy devant sacristains de la dite esglize et parroisse de Thenezay, estant arrivé depuis quelques jours, il serait a propos dy en pourvoir deux autres en leurs lieux et places, pour faire les dites fonctions et services de sacristains.

L'assemblée nomme et choizit les personnes de Charles et Philippe Senechault, cordonniers, demeurant au village de la Roche, parroisse du dit Thenezay, quy ont fait le dit service depuis les deceds des dits Barthellemy et Nicolas Senechault, leurs oncles et pères, a la charge par les dits Charles et Philippe Senechault de faire le dit service fidellement, semenne par semenne, et de supleer lun au defau de lautre absant, dobeir au dit sieur curé et a son vicquaire au service de leur dit estat, tant a lesglize, principallement les jours de dimanches et festes, que sur la parroisse, pour les accompagner, tant de nuit que de jour, lorsqu'ils yront administré les sacrements aux mallades, de sonner les cloches lorsquil viendra des nuées de tonnaires, tant de nuit que de jour, de faire les fosses pour innumer les mors, baillier (*balayer*) la dite esglize et auter les arregnées autour des murs de la dite esglize autant de fois qu'il sera necessaire, et generallement faire tout ce que personnes du dit estat sont tenneu de faire ;

Et pour la retribution de quoy les dits habitans ont promis et se sont obligé, chescuns à leur esgards, de leur bailler et payer, par chascunes années, sçavoir : les laboureurs par chascuns arreau un boisseau de bled froment, ceux qui labourent à bourriquais un boisseau de

---

1. Les visites de G. Maisondieu, à la date du 21 octobre 1659, signalent déjà un Jean Senechault comme sacristain. Peut-être y a t-il plus de trois siècles que cette charge est exercée par la même famille. Le fait est digne d'être noté.

baillarge ou dix sols, les marchands et artisans chacun huit sols, et les journalliers cinq sols, et lesquels dits droits requerrables et partageables entre eux deux par moityé ;

Et a chasques ouvertures de fosses en la dite esglize leur sera payé trante sols, deux livres de pain et une painte de vin, — dans les cimetieres vingt sols, les dites deux livres de pain et la dite painte de vin, — et pour les petites fosses moityé du dit droit des grandes ;

Et au cas ou les dits Charles et Philippe Senechault ne rempliroient pas bien les dites charges, sera permis au dit sieur curé et habitans de les auter du dit emplois et den mestre dautres en leurs lieux et place ;

Et a linstant ont compareu les dits Charles et Philippe Senechault en leurs personnes, acceptants leurs dites charges de sacristains, ont promis de bien et fidellement saquitter du dit emplois ;

Qui est tout ce qui a esté deliberé...

LIII

9 septembre 1740.

(Minutes Paul Chénier.)

A lassemblée generalle des sieurs curé, saindicq. manans et habitans..., sur la remontrance faicte par Jacques Martain, saindicq ellectif, quil seroit a propos de represanter a monseigneur lintendant de la generallité de cette province les pertes de la dite parroisse cauzée par les rigeurs de lhiver et froids qui ont fait au printemps dernier sur les bleds, et cauzé aussy par les eaux pluviales de lesté et grande mortallité du peuple de la dite parroisse ;

A laquelle assemblée se sont compareus..., lesquels

ont dit quils nont que trop connaissance du peu de bled quils ont ramassé cette presante année, ils ne pouront payer leurs fermes, lorsquils auront fait leurs semences il ne leur restera rien pour vivre, cela cauzé en premier lieu par les eaux pluviales de la Toussaint derniere lors de lamblaizon, que partie de leurs semences pourit en la terre, et plusieurs des dites terres que lon ne peut emblaver qui estoient submergées par leau, ce qui a peu en reschaper, veu la longueur et dureté de lhiver, des dits bleds aucuns, sur le temp quils approchoit de meurir, les challeurs de lesté les ont eschaudé entierement, et ne randent point de grains, et ensuite lors de la recolte, il est survenu une abondance deau qui ont fait pourir et germer les dits bleds en les champs, la dite parroisse estoit située en un mauvais terrain de cailloux, pierres, et remplie la plus grande partie de faugères et espines, et consiste bien la moytié en mauvais bois, landes et bruieres, qui ne produisent aucune choze:

Et quil est deceddé en la dite parroisse, depuis le 1ᵉʳ de janvier, qui payaient la taille, dont leurs taux demeurent, emportées les personnes des nommés Estienne Dardenne qui payait 7 livres 5 sols, Madelenne Sauvageault taxée 3 l., René Girard tisserand 9 l. 15 s., Jean Monnoury 3 l. 16 s., René Dupeux taxé 12 l., René Paumailloux menuizier 10 l. 10 s., Louis Hasmard (?) 15 l., Laurent et Pierre Martain tailleur dabit 10 l. 10 s., et Pierre Guilmot 9 l. 5 s., Pierre Pineau et sa femme 4 l. 5 s., Honoré Ouvrard jeune 11 l. 10 s., Jacques Besdain laboureur 14 l. 5 s., Urbain Lalleu sargetier 9 l. 10 s., Jacques Ayrault laboureur 28 l. 3 s., François Jantil laboureur 66 l. 18 s., André Allard laboureur 64 l. 15 s., Franzoise Laurentin 12 l., Pierre Chaignault marchand 19 l. 10 s., Pierre Brotier journ. 18 l. 10 s., Charles Brotier journ. 13 l. 15 s., François Littier laboureur 38 l. 10 s., Nicolas Senechault sacristain 4 l. 6 s., René Monnoury

journ. 5 l., Pierre Chenier cabaretier 15 l. 10 s., Jacques
Meunier masson 5 l. 10 s., René Gerbier journ. 3 l. 5 s.,
René Besdain marechal 8 l. 5 s., Barthelemy Senechault
sacristain 7 l. 10 s., Pierre Barrault tisserand 4 l. 5 s.,
Jacques Gorin journ. 9 l. 5 s., Jacques Riviere marechal
9 l. 4 s., René Goubault sabotier 5 l. 11 s., Louis Lafrainoy
menaieur 9 l., Jean Riviere laboureur 96 l. 10 s., René
Raffarain masson 3 l. 10 s., Michel Lesvin sellier 15 l.
10 s., et trante sept autres femmes, garsons, filles, qui
ont laissé leur mary et enfans a la mandissité, et quil est
demeuré en friches les terres de Laurent Huguet qui
payoit de taille 10 l. 10 s., la mestairie de Lintiere 11 l.
10 s., revenant en tout les dites pertes a la somme de
cinq cent cinquante six livres dix sept sols de principales
tailles sans les autres impauzitions ;

Et suplie humblement mon dit seigneur lintendant et
messieurs les esleus de lelection de Poitiers davcoir
esgard a leur grande pauvreté et misere, et lors du
departement de leur donner une diminution propor-
tionelle a leurs pertes ;

Qui est tout ce qui a esté deliberé...

LIV

22 janvier 1741.

(Minutes Paul Chénier.)

... A lissue de la messe parroichialle dite et cellebrée
par messire René Pissard, ancien curé du dit lieu... sur la
remontrance faicte aux sieurs Xavier Rivron, a presan
curé du dit Thenezay, et habitans par René Senechault, a
presan fabriqueur, quil faut faire rendre compte a Jean
Ouvrard, anterieurement fabriqueur.

L'assemblée reçoit ses comptes et le déclare déchargé.

Il reste toujours le banc du sieur Cothereau : pour quoi le fabriqueur fait opposition à la vente des meubles du dit sieur.

LV

26 février 1741.

(Minutes Paul Chénier.)

… Sur la remontrance faite aux dits habitans par Jacques Martain, laboureur, saindicq ellectif de la dite parroisse, quil a receu des ordres de monsieur Chaboceau, subdelegué de monseigneur lintendant de la generalité de cette province, qui portent que les dits habitans fasse un estat et proces verbal en destail des dommages cauzé en la dite parroisse par leurs innondations des eaux de la fain de lannée derniere ;

A laquelle assemblée sont compareu en leurs personnes les nommés Jean Ressard, Jean Moreau, Louis Pain, Jean Gry, Jacques Garnier, tous laboureurs, Pierre Delavault, aussy laboureur, Jean Ouvrard, boisellier, René Fergeault, cordonnier, François Bergerault, sergent, Embroisse Massé, chirurgient, Jean Bichon, laboureur, François Clement, sabotier, Jacques Pineau, sergetier, Jean Rodde, chaudronnier, René Parré, marchand, Jean Bataille, et plusieurs autres…

Lesquels, apres avoir murement avizé ensemble, ont dit que bien une cinquiesme partie des terres quils ont ensemencé a lemblaizon derniere du cantont de la dite parroisse des bois et terres apellées chail cailloux, ont noyé et innondé, estant de mauvaizes terres froides ou leau sy tient, — et dans le meme cantont il y a de grandes vallées apellées les Eschasses où les terres sont un peu meilleures, les grande abondance deau qui y a

eu souvent, tout pendant lhivert, ont noyé et araché tout
le bled que lon y avoit semé, — et du costé de la plaine,
en la dite parroisse, il y a d'autre grande vallée que lon
nomme les vallées de Cherve, Mollet, la Grand Vault,
meilleures terres de la dite parroisse, ou les eau des
egouts de la forais dautain ce randent, qui ont com-
pauzé en ceste dite vallée une abondance deaux courante
et dont il y a encore a presant reste en des pieces de
terre les plus plates, de fasson que les dites eaux ont
entierement poury les froment que lon y avait semé,
qui est une perte considerable, en si peu de pré quil y
a en la dite paroisse les dites eaux ont laissé des sables
qui empescheront lherbe de pousser, les bois des vignes
ont gellé au gellée qui ont fait a la saint Michel derniere, la plus part des maisons fondue par les grand
vand et pluies abondantes de fason, quil ny a poin de
maison ny borderie en la dite parroisse quil ne sy soit
fondue beaucoup ou partie ;

Et lon pert bien, a cauze des pertes de la dite parroisse,
tant de bleds noyé, de prés pouris, de terres, de bois, de
vignes gellé, reparations des dites maisons, plus de trois
mil cinq cent livres ;

Qui est tout ce qui a esté deliberé...

LVI

1er avril 1742.

(Minutes Paul Chénier.)

... A lissue de la messe paroichialle dite et cellebrée
par messire François Gorin, vicquaire dudit lieu... sur la
remontrance faite par Jacques Martin, laboureur, saindicq ellectif, quil lui a esté signifié... une requeste de

François Chauveau, fermier de lune des mestairies de Vallette, qui expoze quil est veneu en la dite mestairie de Vallette a la Nostre dame de mars dernier, sortant de la parroisse de Cron (?), ellection de Richelieu, et qui pour ce motif demande destre réglé en laquelle des deux parroisses il payera la taille de la presante année.

L'assemblée renvoie l'affaire aux collecteurs, seuls responsables.

LVII

9 décembre 1742.

(Minutes Paul Chénier.)

… Sur la remontrance faite par Jacques Lesvin, René Blancheteau, François Pain, Jean Litier, André Rivière, Pierre Delavault et Pierre Guillard, tous collecteurs…, quil leurs est apareu quen la dite parroisse il y a pluzieurs exploits emporté et resté en friches, et notament une mestairie assize au village de Buzay, apartenante aux sieurs Berthonneau et Racquet, taxée a la taille principale lannée presante a trante huit livres quinze sols, et la mestairie de la Gerberie apartenant au sieur André Chenier taxée a seize livres…

L'assemblée réduit ces tailles à vingt huit et a seize livres… et décide qu'il sera présenté « requeste a monseigneur lintendant pour avoir permission de faire emblaver les dites terres laissé en friche par les propriétaires ».

LVIII

9 février 1744.

(Minutes Paul Chénier)

... Sur ce quil est remontré aux habitans que, suivant
luzage et coutume des parroisses, lon fait la nomination
et ellection tous les trois ans d'un sindicq pour recevoir et faire exécuter les ordres du roy, et quil y a le
nommé Jacques Martain, laboureur, qui exerce la dite
charge des lannée mil sept cent trante six, et quil serait a
propos den eslire un autre, — lequel sest meme plaint
des fatigues dicelle place de sindicq, par requeste quil
a presanté a monseigneur lintendant de la gennerallité
de Poitiers...

L'assemblée élit François Fouquet, marchand, demeurant à la Mousse, parroisse du dit Thenezay.

LIX

25 octobre 1744.

(Minutes Paul Chénier.)

A lassemblée genneralle des sieurs curé, vicquaire,
saindicq, manans et habitans de la parroisse de Thenezay
et hameaux de Doux... sur la remontrance faite par
messire Xavier Riveron, prestre, curé de la dite parroisse, que les simetieres dedié pour les sepultures des
deffunts dicelle paroisse ou autant dicelluy (*village de
Doux*), il y avoit entiennement une enclausture de murs
qui sont pour le presant totallement fondeus, sans quil y
ait meme sur les lieux restant aucunes pierres, — auca-

zionné par les meulles et bourriquais que les peuples
qui viennes aux foires et marchés du dit Thenezay
mestent sur les dits simetieres, qui enfoncent leurs
pieds dans les fausses des mors qui y sont inumés, et
y font toutes leurs ordures, ce qui est inhumain et pas
souffrable, — et c'estait sur le poin den escrire a monseigneur levesque et demander que le dit simetiere fut
interdit, sy mieux naymoient les dits habitans contribuer
un chascuns au restablissement des dits murs sur les
anciens fondements diceux...

A laquelle assemblée ont compareus... lesquels ont
dit quils ont plaine connaissance que les dits simetieres
sont le refuge de toutes les bestes que les peuples
amenent aux foires et marchés du dit Thenezay, quil
metent dedans par atache, et y font par la toutes leurs
ordures, et comme ils ne voyoient poin dautre empla-
cement propice a faire la sepulture des mors de la dite
parroisse, ils sont tous d'unanime vois davis que les
murs qui fezoient en devant lenclausture du dit simetiere soient refait, et promettent et sobligent tous dy
contribuer pour chascuns leurs part et portion, suivant
les rooles quil plaira a monseigneur lintendant de la
genneralité de Poitiers ordonner suivant la requeste qui
luy a esté presanté par le dit sieur curé, auquel ils
donnent par les presantes tout pouvoir.

LX

27 février 1746.

(Minutes Paul Chénier.)

... Sur la remontrance faite par François Chenier,
fabriqueur en charge de la dite esglize, quil avoit été
procedé à la vente des meubles de messire René Pissard,

entien curé du dit Thenezay, pour lui payer une somme de cinquante six livres douze sols, que le dit feu Pissard avoit resté devoir à la fabrique...

L'assemblée reconnait qu'une partie de cette somme avoit été employée par le dit sieur curé aux réparations du bureau de charité et à des achats pour l'église, et, le fabriqueur en charge ayant reçu ce qui reste (cinquante trois livres), elle se déclare satisfaite.

LXI

27 novembre 1746.

(Minutes Paul Chénier.)

... Sur la remontrance faite par messire Xavier Rive-ron, prestre, curé de la dite parroisse, quil y a tres longtemps quon a fait dellection des affaires qui con-sernent le bureau de charité du dit Thenezay, et quil est a propos dy nommer des personnes dexigence et capables de le diriger... et pour donner des quittances valables au seigneur de Saint Loup ou a ses fermiers de ses grandes dixmes de Thenezay des huit sepliers de bled mesture quil doit au dit bureau de charité, pour ensuite estre distribué aux pauvres les plus necessiteux de la dite parroisse...

L'assemblée nomme François Chenier, fabriqueur en charge, François Fouquet, syndicq electif et Jacques Pineau marchand.

LXII

28 mai 1747.

(Minutes Paul Chénier.)

... Sur la remontrance faite par François Fouquet, saindicq ellectif, quil ny a aucune esperance dans les terres dicelle parroisse... dy recueillir aucuns grains, les bleds froments orges et jarousses ayant esté détruit par les grandes gelées de lhiver dernier... et quil en avoit resté que tres peu... sans esperance quils puissent monter attendu la secheresse.

L'assemblée insiste encore sur la mauvaise qualité des terres de la paroisse et, presque toutes en bois brandes et bruyères et pour toutes ces raisons supplie « monseigneur lintendant de la generallité et messieurs les esleus de Poitiers davoir esgards a leur grande misere et pauvreté ».

LXIII

4 juin 1749.

(Minutes Paul Chénier.)

... Pour deliberer sur le funeste accident de la grelle...

L'assemblée charge « le dit Fouquet, saindicq, daller represanter à Monseigneur lintendant de la generallité de Poitiers que, le deux du presant mois de juin, il a passé sur la parroisse une furieuse nuée de tampaites et grave graille, qui a totalement basteu et reduit a rien tous les fruicts, principallement au bourg du dit Thenezay, village de la Roche y atennant, village de Puizant,... et totalement achevé de detruire le peu de bled qui est eschapé des gelées de lhiver... et reduit les habitans a la mandissité... qui suplie monseigneur lintendant davoir esgard au triste estat de la dite parroisse ».

LXIV

13 juillet 1749.

(Minutes Louis Dardillac.)

Aujourd'huy dimanche, treize juillet mil sept cent quarante neuf, à lissue de la messe paroissialle de Thenezay dite et celebrée par messire Louis Ayrault, viccaire de la dite paroisse..., à la diligence de François Fouquet procureur sindic en exercice de la dite paroisse, la presente année, à ce present demeurant au village des Mousses ;

Lequel a remontré aux dits habitants qu'il a reçu une signification de plusieurs pieces et entre autres d'une requeste et ordonnance au pied, le tout par lexploit de Bergerault, huissier, du six de ce mois, à la requeste de Charles Chillault, journalier, demeurant au village de Doux, — au pied de laquelle signification on lui donne assignation au quinze de ce mois, par devant messieurs de lellection de Poitiers, pour repondre sur le contenu de la dite requeste, par laquelle le dit Chillault expose que depuis quelques années on le comprend aux roolles des tailles de la paroisse de Thenezay, quoy quil ait de tout temps été compris en celui de la barge du dit Doux, et qu'il a quelque peu de bien en la dite paroisse de

Thenezay, qui luy est echeu par la succession de feu René Eline, pour quoy on la augmenté aux dits roolles de la barge de Doux pour raison dü peu daugmentation de bien quil dit avoir en cette paroisse, — et pretend ne devoir estre compris aux roolles de la dite paroisse de Thenezay, mais seulement en celui de la dite barge de Doux pour tout le bien qu'il peut posseder, — et conclud enfin à la descharge de la dite taxe sur lui faicte es roolles de la paroisse de Thenezay, et quil doit estre rayé et biffé, — et conclud encore a ce que le dit sindic soit tenu de convocquer les dits habitants sur la dite demande, a peine damande ;

Ce qui fait que le dit Fouquet, sindic, pour y satisfaire, a presentement prié et requis a haute voix les dits habitants de deliberer entre eux sur la probation ou desaveu des collecteurs de cette paroisse de la presente année, sur ce quils ont bien ou mal imposé le dit Charles Chillault sur les roolles du dit Thenezay, — et au premier cas les approuvant, donner tout pouvoir au dit Fouquet, en la dite qualité, pour soutenir la dite instance et lui fournir les moyens quils accuseront, — et au second cas desavouant les dits collecteurs et la dite taxe, a cette fin faire les protestations requises contre eux ;

Le tout mis en deliberation entre les dicts paroissiens comparants, Jean Morin...

Lesquels, après que lecture leur a été faitte, se sont tous retirés sans vouloir rien dire ny repondre, ce que le dict Fouquet a pris pour refus et a protesté de touttes pertes, dépens dommages et interests contre les dicts paroissiens, et de laisser porter par default le jugement que le dict Chillault espere faire rendre contre la paroisse et de rejeter contre eux les depens qui pouraient estre contre luy prononcés par le dict jugement. Qui est tout ce qui a été délibéré, etc.

Ont signé :

Lamarque, not. roy, Dardillac, not. roy ;

Controleur : Fr. Faugon [1].

LXV

20 décembre 1750.

(Minutes Louis Dardillac.)

... A la diligence de Jean Genty, Louis Ouvrard,
Charles le Bault, Jean Aubert, Anthoine Martin, Pierre
Goubault et Pierre Poumailloux, consorts collecteurs des
tailles et autres subsides de la dite paroisse de Thénezay pour l'année prochaine, mil sept cent cinquante un ;

Lesquels ont representé aux dits habitants quils sont
sur le point de faire leurs rooles des tailles et autres subsides de la dite paroisse pour la dite année prochaine,
mais quil est venu à leur connoissance, par lexamen
quils ont pris des taux conpris es roolles de cette presente année, que le chasteau ou maison metayrie appar-
tenante au sieur Cothereau, president en lellection de
Thouars, sittuée au village de Puisant, membre dependant de la paroisse, est vacante et abbandonnée, tant des
logements que partie des terres qui sont incultes, — que
le dit sieur Cothereau semble la faire valoir par vallets, —
que cependant la dite maison et appartenances se trouve

---

1. Le procès-verbal que je viens de reproduire, rédigé d'avance suivant
l'usage, a été modifié au cours de la réunion. Le dernier alinéa, à partir
de *Lesquels après que lecture*, est d'une autre encre et paraît manifestement ajouté. Le notaire avait préparé un autre texte portant que l'assemblée désavouait les collecteurs pour avoir « mal à propos taxé sur leurs
roolles le sieur Chillault ». Tout ce texte est barré de deux traits de
plume. M. Prouhet signale un fait du même genre dans les procès-verbaux
de la Mothe-Saint-Héray (v. p. 22). Ce qui prouve que les assemblées
n'étaient point liées par les rédactions que leur apportaient toutes faites
les notaires.

imposée sur les dits roolles de la presente année a une somme de cent livres de principalle taille que le dit sieur Cothereau refuse meme de payer, — et quil est en instance avec les collecteurs de lannée presente en lellection de Poitiers, — ce qui fait quils ont cru devoir en donner avis aux dits paroissiens, pour deliberer entre eux sur limposition de la dite metayerie, quils ne jugent a propos de comprendre en leurs roolles de leur chef, attendu linstance pendante entre le dit sieur Cothereau et les dits collecteurs de lannée presente, sans au prealable avoir eu pouvoir des dits paroissiens pour les cottiser aux dites impositions comme ils le jugeront a propos, a leurs risques parils et fortunes, protestant toujours les dits collecteurs que, sy la taxe quils en feront vient a ne pas subsister ou a n'estre pas remplie sur leurs roolles apres discussion faitte, d'en faire faire le rejet sur la paroisse.

L'assemblée donne plein pouvoir aux collecteurs pour taxer la dite metayrie comme ils le jugeront à propos, « aux risques perils et fortunes des paroissiens ».

LXVI

7 mars 1751.

(Minutes Louis Dardillac.)

... A la diligence de François Fouquet, sindic en exercice... sur l'affaire pendante entre les collecteurs de l'année 1750 et le sieur Cothereau, qui refuse de payer la taille de la dite année pour sa maison et métairie de Puizant ;

« Les collecteurs pretendent que les dits habitants doivent leur garantir le taux qui a été imposé sur leurs roolles au dit sieur Cothereau... et soutiennent que c'est a eux a faire cesser les moyens qu'oppose le dit sieur contre cette taxe. »

L'assemblée refuse de conclure, disant « que cela intéressoit les principaux habitants qui se trouvoient absents ».

Le syndic proteste en son nom et au nom des collecteurs et déclare décliner toute responsabilité.

LXVII

8 août 1751.

(Minutes Louis Dardillac.)

... A la diligence de François Fouquet, sindic en exercice... sur la réclamation de Mathurin Garnier laboureur, demeurant au village de Doux, lequel expose quil est doublement employé, sur les roolles des tailles et autres impositions de la barge du dit Doux et de cette dite paroisse de Thenezay de la presente année, pour raison des terres appellées du Sepulcre qu'il possede a titre de ferme.

L'assemblée soutient que le dit Mathurin Garnier doit être maintenu aux rôles de Thénezay et que c'est mal à propos qu'il a été inscrit en ceux de la barge de Doux, et elle donne plein pouvoir au syndic pour soutenir l'affaire devant l'élection de Poitiers.

LXVIII

26 septembre 1751.

(Minutes Louis Dardillac.)

... A la diligence de François Fouquet, sindic en exercice... sur l'affaire du sieur Cothereau refusant de payer sa taxe de 1755, laquelle affaire a été appelée devant la cour des Aides de Paris.

Le syndic demande plein pouvoir « pour discuter les deffanses du dit sieur Cothereau ».

L'assemblée répond qu'elle n'est pas en nombre pour délibérer. Protestation du syndic déclinant toute responsabilité.

LXIX

7 mai 1752.

(Minutes Louis Dardillac.)

… A la diligence de François Fouquet syndicq… pour la réclamation faite par Mathurin Garnier l'année précédente.

L'assemblée maintient ses conclusions.

LXX

28 mai 1752.

(Minutes Louis Dardillac.)

… A la diligence de François Fouquet, syndicq, pour l'affaire Cothereau.

L'assemblée consent à se joindre aux collecteurs « pour faire succomber le sieur Cothereau dans son appel de la sentence de lellection de Poitiers du treize juillet dernier, et à cet effet, pour produire leurs moyens, ils ont fait crié et constitué pour leur procureur general et special a la Cour des Aides messire Charpentier de Baumont, procureur a la dite Cour.

LXXI

4 février 1753.

(Minutes Louis Dardillac.)

... Sur la remontrance faite par messire Xavier Riveron, prestre, curé du dit lieu, quil a reçu une ordonnance de monseigneur levesque de Poitiers [1], en date du premier janvier dernier, qui dit que, dans le cours de ses visites, quil a faites par luy mesme, le dix sept d'aoust dernier, dans la dite eglise du dit Thenezay, il a remarqué que la couverture du clocher du dit lieu a besoin destre réparée, principalement deux pends, lequel estant couvert de bardeau un des pilliers qui porte les voustes et charpente du dit clocher, ainsy que les voustes du cœur, bute dans le dehors, lequel se separe des murs, a besoin destre remis en etat, et le tabernacle perit a defaut davoir eté doré, et autres reparations necessaires dans la dite eglise, et que la couverture du total de la dite eglise a grand besoin destre repassée de la main de louvrier, et, ainsy que lont aussy remarqué les dits habitans, ce qui occasionne les eaux pluviales de tomber par la dite vouste, quy les penestrent, et que le revenu de la fabrique de la dite eglise est de peu de valleur et n'est pas en mesure sufisante pour entretenir la dite eglise, et remarque aussy que les murs du cimetiere ont besoin d'une reprise a chaux et a sable.

L'assemblée est d'avis, que pour faire faire tant de réparations, le curé de Thenezay presente une requête a monseigneur l'intendant « pour quil lui plaise ordonner des roles sur les proprietaires des domaines de la dite paroisse ».

1. Mgr de Caussade.

LXXII

23 juillet 1758.

(Minutes Louis Dardillac.)

Aujourd'huy dimanche, vingt trois juillet mil sept cent cinquante huit, par devant les notaires royaux en la senechaussée de Poitiers soussignés, à l'issüe de la premiere messe de la paroisse de Thenezay, tous les paroissiens manants et habitants de la ditte paroisse assemblés et convoqués au son de la cloche a la maniere accoutumée ;

Et a laquelle assemblée ont comparus messire Xavier Riveron, prestre, curé de la ditte paroisse, messire François Chenier, fabriqueur en exercice de la ditte paroisse, Fulgent Nicolas, sindic, etc.

Lesquels habitants ont l'honneur de representer a Monseigneur l'intendant de cette generalité que la ditte paroisse de Thenezay est dans une triste disette de tous fruits la presente année, de telle sorte qu'il ne se recueillera pas un tiers des grains de l'année precedente, les froments n'ayant pu monter accause des froids qu'il a fait pendant les mois d'avril et may ; — ensuite que le peu des dits bleds froments qui a resté n'a pu venir en sa maturité accause des pluyes continuelles ; — que le bled baillarge a eu le mesme sort que le froment ; les dits habitants pensent mesme qu'il ne leur sera pas possible de ramasser les dittes baillarges, ne pouvant absolument venir dans leur maturité accause des froids et pluyes continuelles ; — que les vignes qui sont en la ditte paroisse ont touttes gelé en boutons et rongées des vers de terre, ce qui fait qu'ils n'esperent pas un demy quard des vins recueillis l'année derniere ; — enfin que tout le reste des fruits de la ditte paroisse sont peris, ce qui fait qu'elle est dans un triste estat, — cependant elle est exhorbitament taxée soit de tailles, capitations, vingtiemes et autres impositions, comme rejets et reparations d'eglise, qu'il ne leur sera pas possible d'acquitter, s'ils ne sont soulagés dans les impositions prochaines ;

C'est dans ces vües qu'ils ont recours a la charité ordinaire de Monseigneur l'intendant de cette generalité, qu'il luy plaise nommer des commissaires pour dresser leur procès verbal de l'estat de la modicité des fruits de la ditte paroisse, et après la considération de leur triste estat, diminuer les impositions de la ditte paroisse de Thenezay pour l'année prochaine ainsy qu'il plaira a Monseigneur, et les dits habitants continueront leurs vœux au ciel pour la prosperité de sa grandeur ;

Qui est tout ce qui a été deliberé...

LXXIII

26 novembre 1756.

(Minutes Louis Dardillac.)

... A la diligence de messieurs Pierre Dribault, Jean Pineau, Jean Gorin, Nicolas Senechault, Marin Poirault, Pierre Carré et René Ridouard, tous consorts collecteurs des tailles et autres impositions de la dite paroisse de Thenezay pour lannée prochaine... a la plus grande affluance du peuple sortant douir la sainte messe dite et celebrée par messire Louis Rabier, prestre vicaire [1]... pour remontrer que messire François Chenier, habitant de cette paroisse, a par l'exploit de Senechault, huissier,

---

1. Il fut vicaire de 1756 à 1767, et en 1767 il fut nommé curé de Saint-Paul de Parthenay.

du vingt-cinq octobre dernier, declaré au dit Pierre Dribault, tant pour lui que pour les consorts collecteurs de
la dite année prochaine, quil n'entend plus faire la recepte
regie et oeconomie de la maison et seigneurie du Thays,
située en cette paroisse, taxée et imposée au roolle des
tailles principale de la presente année 1758 a la somme de
quarante trois livres trois sols, fermage et capitation la
somme de vingt neuf livres six sols.

Les collecteurs declarent qu'ils ne peuvent de leur
propre chef maintenir cette taxe, et l'assemblée leur
donne « plain et entier pouvoir general et special de taxer
sur les dits roolles de la paroisse pour lannée prochaine
tous receveurs registreurs ou oeconomes de la dite maison et seigneurie du Thays, ou de telle autre façon et a
quelle somme ils jugeront à propos ».

LXXIV

24 décembre 1758.

(Minutes Louis Dardillac.)

... A la diligence de messire François Chenier, fabriqueur, lequel assisté de messire Xavier Riveron, prestre
curé de la dite paroisse, ont remontré que les terre
labourables dependantes de la fabrique sont a donner a
bail pour neuf années au plus offrant et dernier encherisseur.

Se présentent François Garnier, demeurant à la Roche,
pour 53 livres, et François Savarit, demeurant au bourg
de Thénezay, pour 55 livres. Cette dernière somme
étant jugée insuffisante, l'adjudication est renvoyée au
dimanche suivant.

Ce dimanche, François Rondier propose 50 livres

et 12 boisseaux de froment, mesure de Thénezay. Nouveau renvoi.

Le dimanche suivant, 7 janvier, François Garnier propose 55 livres et un septier de froment ; Rondier, 58 livres ainsi qu'un septier de froment ; Garnier, 59 livres et 12 boisseaux de froment. « A luy adjugé [1]. »

LXXV

10 février 1760.

(Minutes Louis Dardillac.)

Assemblée generalle des sieurs curé, viccaire, fabriqueur, syndic, manants et habitants de la paroisse de Thenezay, faitte et convocquée au son de la cloche, a la maniere accoutumée, ce jourd'huy dimanche, dix fevrier mil sept cent soixante, a l'issüe de la messe paroissialle, ditte et celebréé par Messire Xavier Riveron, prestre, curé de la ditte paroisse de Thenezay, a la plus grande affluance du peuple sortant de ouir la sainte messe ;

Sur la representation faitte au dits sieurs curé, viccaire et habitants par Messire François Chenier, qu'il y a plusieurs années qu'il a été nommé fabriqueur de la ditte église et fabrice de Thénezay, lequel desirerait rendre des

1. Indépendamment des biens de la fabrique, il existait des biens de la cure, dont jouissait personnellement le curé. Par un bail du 16 décembre 1752 (minutes Louis Dardillac), le curé Riveron afferme à François et Pierre Garnier, pour une durée de neuf ans, tous les biens et domaines de la cure, consistant en terres labourables, prés, bois, dîmes de blé, etc., réserve faite du presbytère et du jardin y attenant, de « la petite dixme qui se perçoit au village de Doux » et de « certaines terres autour de Jarzay » exploitées par Jacques et Laurent-Rivière, le tout pour huit septiers de froment, la somme de deux cents livres en argent et deux barriques de vin blanc « dont le dit sieur curé fera le choix en leur cellier (celui des dits François et Pierre Garnier), lorsque le vin sera bouilli ».

comptes de la gestion et administration qu'il a fait du revenu de la ditte église et fabrice, et ensuite estre déchargé de la ditte place de fabriqueur ;

A laquelle assemblée sont comparus en leurs personnes Fulgent Nicolas, syndic, etc... et plusieurs autres manants et habitants de la ditte paroisse, et faisant la plus grande et saine partie d'iceux, et tant pour eux que pour les absents ;

Et auquels a l'instant, en presence des dits sieurs curé, viccaire et habitants, le dit sieur Chenier a presenté son compte de recette et mise de l'administration qu'il a faitte de la ditte fabrice ; il s'est trouvé qu'il est en avance de la somme de cinquante deux livres huit sols, laquelle somme luy est deüe pour ce qu'il se trouve avoir avancé a la ditte fabrique ; laquelle somme de 52 l. 8 s., le fabriqueur qui va estre nommé par le present acte sera tenu et obligé de luy donner bailler et payer dans deux mois, à peine de tous depens dommages et interests ; au moyen duquel payement le dit sieur Chenier demeurera quitte et dechargé de tous comptes generalement quelconques et de la ditte charge de fabriqueur ;

Et en son lieu et place ils ont elu et nommé la personne de Jean Gorin, laboureur, demeurant au village de la Moinie, paroisse de Thenezay, pour en commancer l'exercice de ce jour, pour par le dit sieur Gorin recevoir les prix de ferme dues à la ditte eglise, ouverture de fosses de ceux qui ont droit de sépulture en l'église du dit Thenezay, en payant pour eux, en la main du dit fabriqueur nommé, la somme de six livres pour les ouvertures de fosses pour gens agés et trois livres pour les enfans, le tout par avance et sans qu'aucuns puissent faire ouvrir les dittes fosses sans au prealable avoir payé le droit deu, et encore à la charge de faire rétablir les ouvertures bien planes, et au niveau du pavé de l'église ;

Sera tenu le dit fabriqueur de payer au dit sieur curé

la somme de quarante cinq livres pour les cierges de
l'eglise et pour blanchir le linge et fournir de pains
enchantés ;

Sera aussy tenu le dit fabriqueur de veiller a la conservation des murs du cimetière de la paroisse, et obliger
les propriétaires de maisons qui ont des fumiers le long
des murs de faire les reparations, mesme a retablir les
murs du dit cimetière chascun devant sa maison et ou les
dits fumiers sont ;

Le dit fabriqueur rendra compte de sa recepte tous les
ans, chascun jour de la purification de Notre Dame,
issüe de premiere messe, en presence des dits habitants
et principaux de ceux qu'il sera tenu d'appeller;

S'oblige le dit fabriqueur de faire payer les retributions
de ceux qui ont des bancs dans l'eglise du dit Thenezay,
comme le sieur Dardillac, notaire royal, le sieur Morin,
la demoiselle Chabot et de la Chaussée; les concessions
desquels bancs les dits habitants reconnaissent et approu-
vent et promettent et s'obligent de les faire jouir et
garantir leur jouissance et concession a perpetuité, toujours moyenant le payement des retributions auquelles
ils sont obligés; et a l'egard du banc du sieur Cottereau
le dit fabriqueur sera tenu d'en poursuivre la reprise de
l'instance qui est intentée contre luy au juge de Parthenay ;

Qui est tout ce qui a eté delibéré...

LXXVI

10 mai 1778.

(Minutes Fr.-Ant. Dardillac)

... A la diligence de François Clément, procureur
sindic, demeurant au village de la Roche..., issüe de la

messe paroissialle ditte et célébrée en la ditte église par
messire Anthoine Lacourly, prestre vicaire de la ditte
paroisse ;

A laquelle assemblée étaient présents : François Lit-
tier, laboureur demeurant à Lauriere, Jean Ayrault,
Pierre Delavault, André Allard, Pierre Poirault, Louis
Brottier, Jacque Touret demeurant au village du Peux,
François Fouquet demeurant a la Mousse, Jean Guibert
laboureur demeurant a la Berlutiere, René Faroux, René
Samoyault, Jacques et François Dribault laboureurs,
Charles Guillot demeurant au village de Puisant, Jacque
Bichon demeurant a la Gerberie, François Huctin
laboureur demeurant à Vallette, Jacque Moreau labou-
reur demeurant à la Clavelliere, Jean Gorin, Laurand
Riviere, Jacque Reau, Louis Jacque Reau le jeune,
Charles Metais, Urbain Buzet, Honoré Guillon, tous
laboureurs demeurant a la Moinie, et plusieurs autres
faisant tant pour eux que pour les absens ;

Le dit Clement, procureur sindic, a representé à
l'assemblée : les 19, 20 et 21 mars dernier, les sieurs
René Charles de Faugere et Louis Viguier, commis
de la regie des aides au departement de Parthenay, ont,
a la requeste de monsieur Dominique Compant, regisseur pour le roy des droits reservés, poursuitte et diligence de monsieur Jacques Bernard Vigier, son procureur directeur pour la regie de Poitiers, rendu six diffe-
rents procès verbaux contre Jacques Reau, François
Huctin, Laurand Riviere, la veuve Dribault et ses
enfants, Jean Gorin et Louis Brottier, Jacques Moreau,
laboureurs, tous habitans de hameaux et ecarts de cette
paroisse, contenant refus de leur representer les vins
et autres boissons quils pouroient avoir chez eux et en
leur possession, pour les prendre en charge et leur en
faire payer l'octroy, don gratuit et droit d'entrée ou droit
reservé établis par l'édit du mois d'aoust 1758, déclara-

tion du roy du trois janvier 1759 et autres reglemens,
pour estre perçu dans les lieux qui y ont été assujetis
pendant six ans, et depuis suprimé et retabli, préten-
dant que la déclaration du Roy du vingt deux aoust 1777
ordonne la perception de ce droit dans tous les hameaux
villages et ecarts des lieux qui y ont eté assujetis ;

Lesquels six procès verbaux... le régisseur général a,
le dix avril dernier, par esploit de Ledain, huissier, fait
signifier aux dits Jacque Reau, etc... et les a fait assigner
au siege de l'election de Poitiers, pour estre condamnés
chascuns a leur egard a l'amande de deux cent livres et
aux dépens de l'instance ;

Lecture faitte par les dits notaires des dits procés verbaux et assignation, tous les susdits habitans assemblés,
après avoir reflechi sur la prétention nouvelle qui paroit
sous le nom du regisseur général pour le roy des droits
reservés, ont dit que le bourg de Thenezay a bien eté
assujety au droit d'entrée, don gratuit ou droit reservé
dont est question, — quil l'a payé dans son premier établis-
sement pendant le temps fixé par l'edit du mois d'aoust
1758, quil l'a payé et le paye encore depuis quil a plu
a sa majesté de le retablir, — mais que jamais les
hameaux, villages et ecarts de la paroisse de Thenezay,
qui sont dans la vaste campagne, ne l'ont payé, — que
lon n'a même pas pretendu quils fussent sujets ny puissent y estre assujetis, — que ces ecarts habités par des
cultivateurs qui ne recueillent et ne font entrer chez eux
que des denrées de premiere necessité et de premiere
consommation, tant pour eux que pour les bêtes de
labours necessaires a lagriculture, qui ne font dans leurs
hameaux et ecarts aucun commerce, — et que cest une
extension monstrueuse que les commis de la regie des
aides de Parthenay veulent donner a la déclaration du
roy du 22 aoust 1777, en hazardant qu'elle en ordonne la
perception dans tous les hameaux, villages et ecarts

déppendants des lieux assujetis, — quil ne faut que la lire pour s'en convaincre et faire proscrire la perception qui paroit sous le nom du regisseur pour le roy des droits reservés...

Pour toutes ces raisons, l'assemblée approuve le refus fait à la régie par quelques uns des habitants, elle déclare s'unir à eux et elle donne plein pouvoir à son procureur syndicq pour défendre la cause commune jusqu'à sentence définitive.

LXXVII

18 avril 1784.

(Minutes Fr.-Ant. Dardillac.)

... A la requisition de messire Anthoine Lacourly, prestre curé de la ditte paroisse de saint Honnoré de Thenezay, de François Clement, sindic, et des dits habitans, et du sieur Jacque Girard, maitre masson demeurant en la ville de Parthenay, paroisse de saint Laurand, adjudicataire des reparations de la ditte eglise du dit Thenezay, ayant avec luy Charles Maitre, masson, et Mathurin Chailloux, aussy masson entrepreneur, demeurants au bourg et paroisse du dit Thenezay... pour faire constater que les réparations entreprises ont été bien faites...

L'assemblée le constate et en donne décharge au sieur Girard.

LXXVIII

13 mai 1787.

(Minutes Jacques Miot.)

Aujourd'huy dimanche, treizième jour de may mil
sept cent quatre vingt sept, par devant nous notaires
royaux de la senechaussée de Poitiers soussignés, a
lissue de la messe paroissialle de Thenezay ou etant au
devant de la grande porte et principalle entrée de l'eglise
du dit lieu, a la plus grande affluance du peuple sortant
de la ditte eglise de ouir la sainte messe ditte et celebrée
par messire Hillaire Vinay, prestre, vicaire de la ditte
paroisse, à lassemblée généralle des manants et habitants de la ditte paroisse, convoquée au son de la cloche
a la maniere accoutumée, a la diligence de François
Clement, sindic de la ditte paroisse de Thenezay, lequel
ayant lû publié et affiché à la porte principalle entrée de
la ditte eglise, pendant trois dimanche et feste consecutif,
une requeste par luy présentée a monseigneur l'intendant
de cette générallité, par laquelle il expose qu'il recoit
journellement des plaintes de la majeure partie des dits
habitans et propriettaires de la ditte paroisse, sur tout
de ceux de la premiere classe, qui le menace même d'en
venir a l'action personnel contre luy, pour qu'il ait a
veiller non seullement a ce qu'auqu'un des propriettaires
des terrains n'enticipent pas sur les chemins et qu'il
rendent inpraticables en y déposant aussy des monceaux
de pierre et cailloux qu'ils ramassent sur leurs terrains
qu'ils ont semé en luzerne et autres fruits, mais encore
pour qu'il ait a veiller a lentretient de ses même chemins
et de les faire mettre a la largeur de 18 a 20 pieds, conformement aux reglemens et ordonnances de sa majesté;

Sur laqu'elle requeste est intervenu l'ordonnance de monseigneur, du cinq mars dernier, par laqu'elle il ordonne que la ditte requeste soit communiquée aux dits habitans dans une assemblée qui sera convocquée d'après les affiches et publication accoûtumée, a l'effet de déliberer sur ce qui fait l'objet de la ditte requeste, pour y repondre par acte qui en sera dressée, et sur le rapport d'icelluy estre par luy ordonné ce qu'il appartiendra, le tout mis en deliberation entre les dits habitans comparans par Jacques Dribault, André Rivière laboureurs, François Rodde, Pierre Thiollet, René Raguy, laboureur, B. Senechault, François Boullin boullanger, Allexis Guesnard marchand, Philippe Brottier laboureur, Augustain Senechault cordonnier, François Parré marchand, Jacques Riviere marêchal, Jean Girouaire boucher, Augustain Savarit marchand, René Bourdin marchand, Simon Delavault aubergiste, Louis Pineau marchand, Stanislas Pressac chirurgien, Charles Chillault menugier, François Billard marechal, Jean Jouin marchand, François Reau laboureur, Jean Ayrault laboureur, René Besson bourgeois, François Coutin marchand, François Chillault journalier, Jean Chollet, Charles Faroux, René Guyonneau, Louis Rivron journaliers, et plusieurs autres faisant tant pour eux que pour les autres habitans absens ;

Ils ont tous unanimement et d'une commune voix déliberé quil est très necessaires de faire combler les troux et enfouiement fait dans les ruës du dit bourg de Thenezay et dans les chemins de la ditte paroisse, et d'ôter les pieres et cailloux qui son dans les dittes ruës et chemins, qui les rendent tout a fait inpraticable, de combler les fosses et douves, et arracher les haies et buissons qui jaines au point a n'y pouvoir passer aucunes voitures ny charrette, et que deffense soit faitte de faire à l'avenir aucuns fossés trous et bordures de terres pour rétrésir les dittes rues et chemins, et qu'ils soient de la largeur de 18 à 20 pieds;

Et en conséquence les dits habitans et comparans demandent qu'il plaise a monseigneur l'intendant d'ordonner que le dit Clement sindic sera authorizé de faire arrenger par les dits habitans, dans ce qui les consernera, les dittes ruës et chemins, de façon à les rendre pratiquable, et de faire combler les fossés et douve, couper et arracher les hais et buissons qui étroisisent les dittes rues et chemins, pour y pouvoir passer voitures et charrettes, un homme a pieds, et de les mettre a la largeur de 18 a 20 pieds, — pour lexécution des dits ouvrages et entretient, d'appliquer dix livres d'amande contre ceux qui sy refuseront, au profit des pauvres de la ditte paroisse, ou tout autres peines qu'il plaira a monseigneur fixer et d'appliquer ou bon il luy plaira, et encore d'ordonner qu'il sera permis au dit sindic de faire proceder au dit ouvrages aux frais et dépans des refusant, d'apres des procès verbaux qui sera a cet effet dressé par le dit sindic, ensuite renvoyer devant mon dit seigneur l'intendant pour rendre son jugement, — et comme le sindic n'est pas seul capables de dresser des procès verbaux et autres poursuites contre les contravenant, qu'il luy plaise de nommer pour adjoint la personne de messire François Athanase Dardillac, notaire royal et controlleur, demeurant au bourg de Thenezay, pour en rediger avec luy les procès verbaux et autres poursuittes a ce necessaires;

Qui est tout ce qui a été déliberé...

Parmi les signatures:
Dardillac, pour accepter la dite commission sous le bon plaisir de monseigneur, Decombe, not. royal, Miot, not. royal.

LXXIX

Septembre 1788.

La pièce ici reproduite n'est pas un procès-verbal d'assemblée. Je l'ai trouvée parmi les minutes notariales sous la date de septembre 1788, sans aucune signature, avec ce seul titre : *Mémoire à consulter sur les reparations de la cure de Thenezay*. Le curé veut mettre à la charge des paroissiens les réparations de la cure. Un certain nombre d'entre eux s'y refusent. On va voir comment ils exposent leurs raisons. Mais ce qui fait principalement l'intérêt du mémoire, ce sont les renseignements qu'il nous donne sur les rapports entre la cure de Thénezay et le chapitre de la cathédrale de Poitiers.

La paroisse de Thénezay a eté de tous les temps deservie par Messieurs les channoines de Saint Pierre de Poitiers [1], qui metoient dans cette paroisse un vicaire perpetuel qui estoit payé par les channoines. Ces derniers jouissoient et percevez a leur profit tous les revenus de cette cure, qui consiste en une maison, jardin, ouche, cour et autres bâtimens, 195 boissellées de terre avec terrages et dime. Ces Messieurs mirent un curé. Et en vertu de ledit de 1686 et 30 juin 1690, qui fixent la cure a 300 l. de pension congrue, en vertu de cet edit le curé opte, et les chanoines de Saint Pierre luy abbandonnerent sur lextimation qui fut faitte par eux dans le tems, tous les revenus maisons et bastimens de la ditte cure qui ap-

---

1. L'église de Thénezay fut donnée avec quelques autres au chapitre de la Cathédrale par Guillaume, évêque de Poitiers, avant son départ pour la Terre Sainte. Une bulle de Callixte II, en 1123, confirme cette donation (Archives de la Vienne, G 189). Deux autres fois la même église est signalée comme réunie à la mense canoniale, en 1406 et en 1446, ce qui suppose qu'après avoir été donnée, elle avait été séparée. (Cf. Auber, *Histoire de la Cathédrale de Poitiers*, t. I, p. 59, t. II, pp. 150 et 174.)

partenaient à ce chapitre. Comme cette extimation excé-
doit la pension de 300 l. de 20 l., il fùt dit, par transaction reçu par les notaires de Poitiers, que le curé pairoit
à ce chapitre pour le suplement 20 l. de rente annuelle,
pour raison de l'abbandon de la maison curialle et domaines. Cet abbandon oblige til les habitans a faire les
reparations de cette maison ? En vertu de cette transaction ne sont il pas en droit de san deffendre ?

On observe encorre que les habitans n'ont jamais eté
appellé à faire ny contribuer en aucune façon quelconque
aux reparations de ce presbitaire. Le curé Pisard, mort il
y a 90 à 100 ans [1], qui opta la ditte pension et accepta, par
les actes de transaction dont on n'a cy dessus parlé, les
domaines dont est question, et lors de sa prise de possession il fut dit, par les memes actes, quil seroit fait visitte
de laditte cure a la diligence du chapitre de Saint Pierre.
Ce chapitre nomma deux de ces chanoines pour proceder avec le curé Pisard a la ditte visitte. Cette visitte se
fit dans le meme tems avec les chanoines et curé Pisard.
Les habitans ne furent point appellé ny requis vollontère-
ment ny judicierement. Les reparations qui convenoient
a y faire furent faitte par le curé seul. Ce dernier curé
resigna, a son décés, la cure au sieur Rivron, dernier
mort. Ce dernier na pas, lors de son entrée, fait appeller
les habitans pour faire les dittes reparations, il se contenta de faire faire quelque couverture et rellever quelque
mur. Ce chapitre se contenta seullement de luy faire
rendre un tittre nouveau de la ditte rente suplementaire
de 20 l. On demande sy les habitans sont tenu a des reparations, attendu que se nest pas eû qui ont achepté ny
fait construire la ditte maison et qu'elle fait partie de la
ditte pension. L'acte quil ont passé, qui est cy jointe,

---

1. **Les souvenirs du rédacteur ne sont pas exacts :** M. Pissard s'était
retiré du ministère en 1740 et il était mort à la fin de 1745 ou dans les
premiers jours de 1746.

peut elle les obliger a contribuer a faire les dittes reparations ? Ne sont ils pas en droit de venir contre, attendu
qu'elle a eté solicitée par le nouveau curé qui leur a dit
qu'il ny avoit aucuns tittres sous les scellés qui puissent
les décharger, qu'il estoient tenu au dittes reparations de
bonne foi et avant la levée des scellés. Ce curé leur fit
consentir chez luy cet acte. Comme elle n'a pas eté faite a
la porte de leglise, au son de la cloche, a la maniere accoutumée, ne seroit elle point nulle ? Sy elle a son effet,
peut elle engager les absens ? Ne sont il pas en droit de
san déffendre ? Ceux qui l'ont consentye ne peuvent il
pas venir contre par lettre de rescision ?

TABLE DES NOMS DE LIEUX

TABLE DES NOMS DE PERSONNES

Nota. — Pour ce qui est des noms des habitants de Thénezay inscrits dans les procès-verbaux, je ne retiens d'ordinaire ici que les noms de familles.

TABLE DES MATIÈRES

Poitiers. — Société française d'Imprimerie.

www.ingramcontent.com/pod-product-compliance
Ingram Content Group UK Ltd.
Pitfield, Milton Keynes, MK11 3LW, UK
UKHW020211130726
13696UKWH00002B/852